3-IN-1

KONTRASTBUCH FÜR BABYS

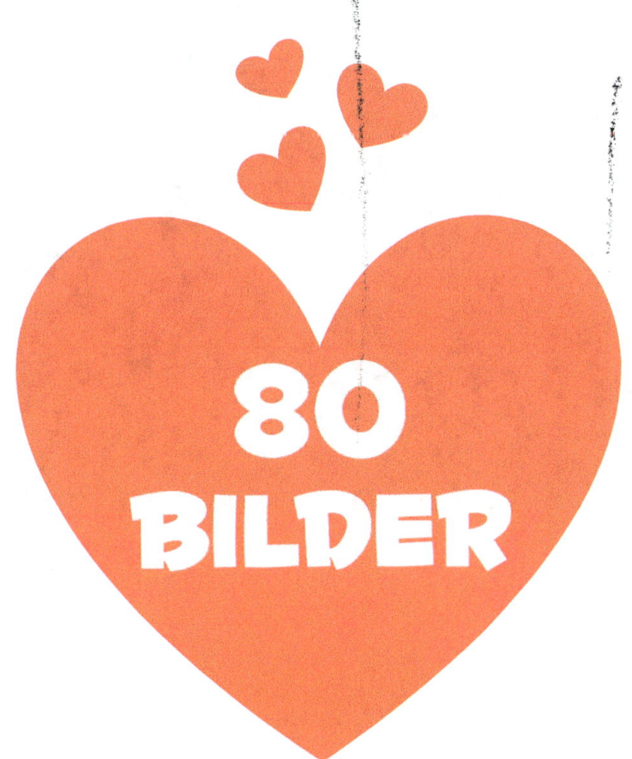

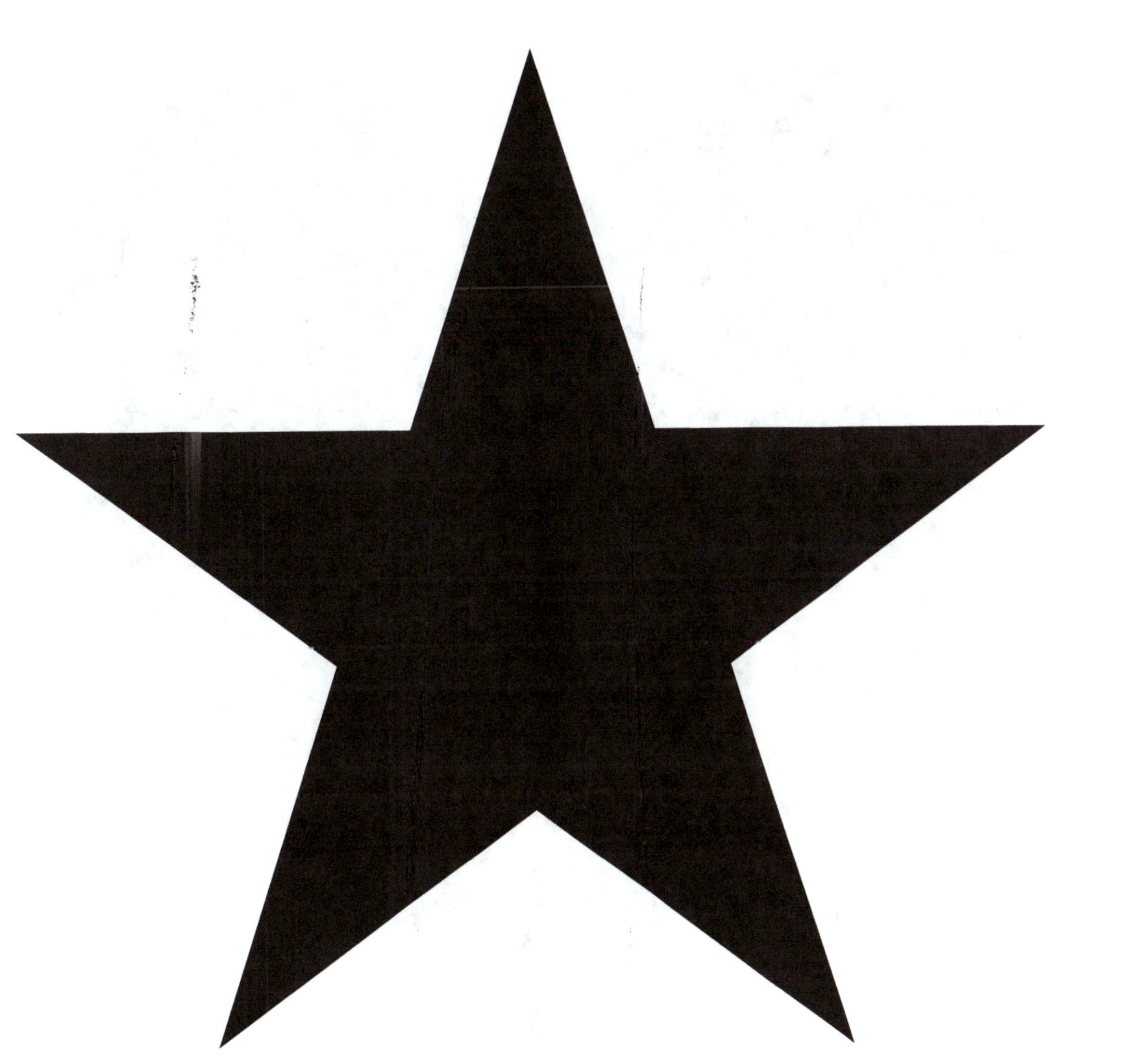

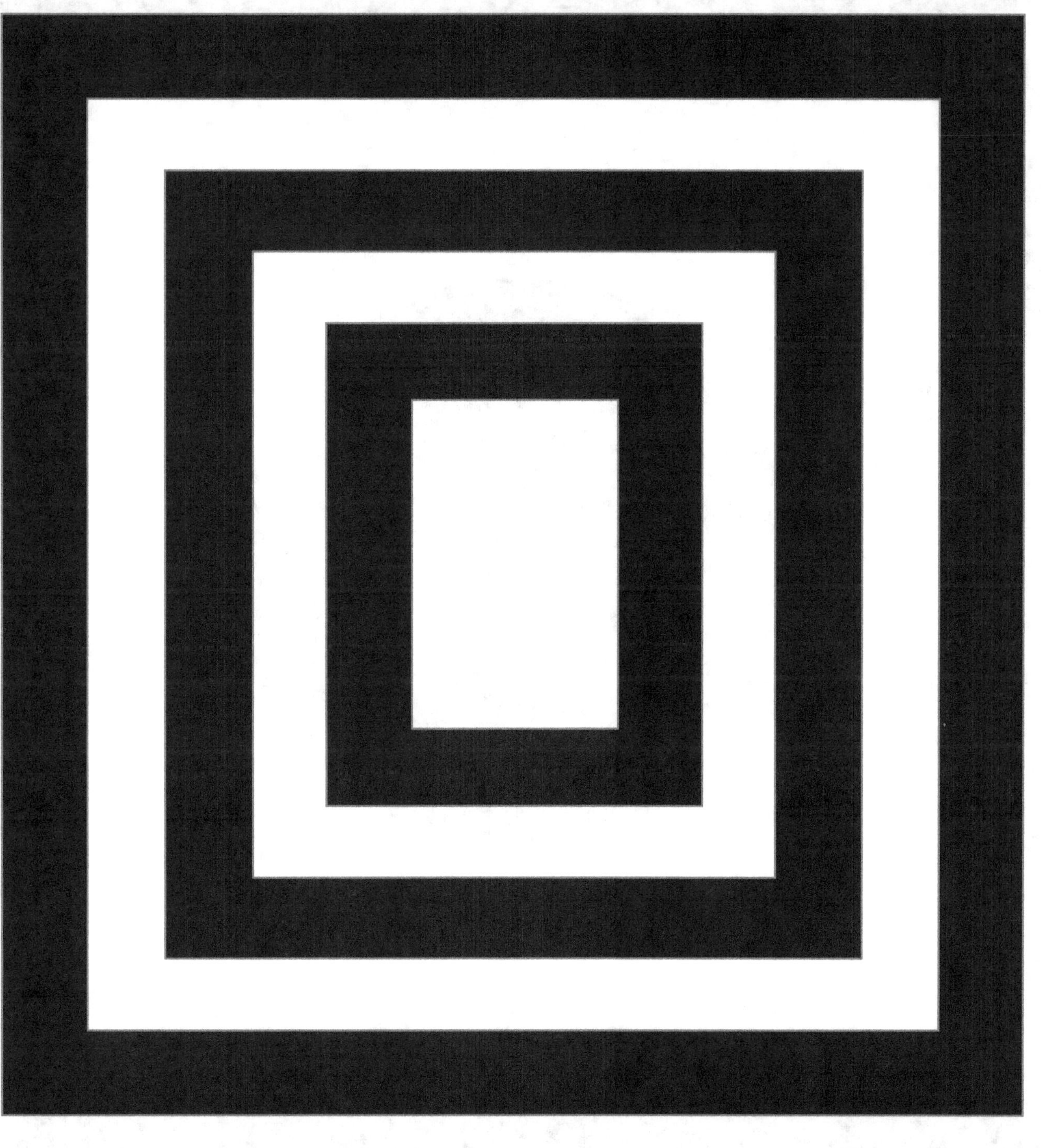

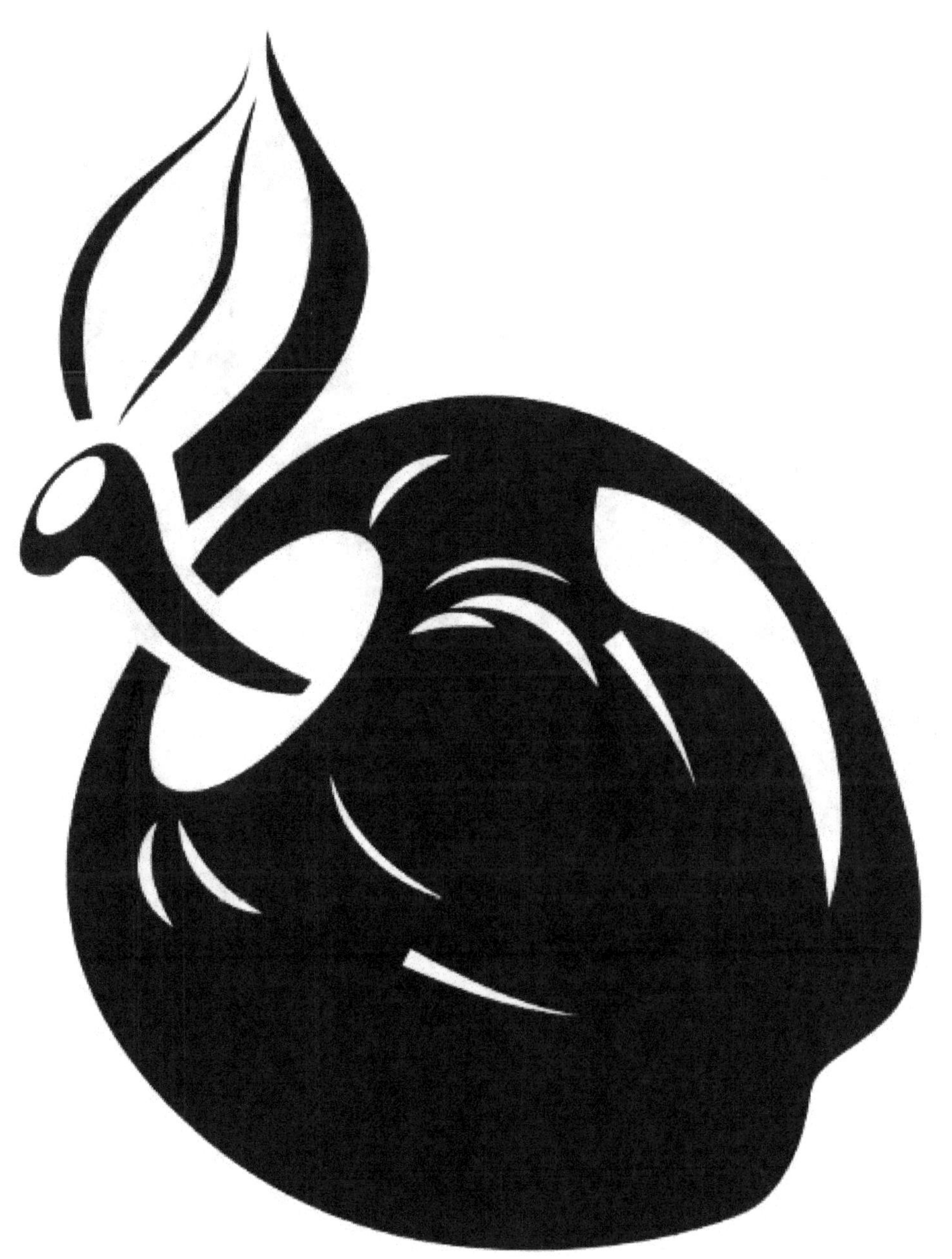

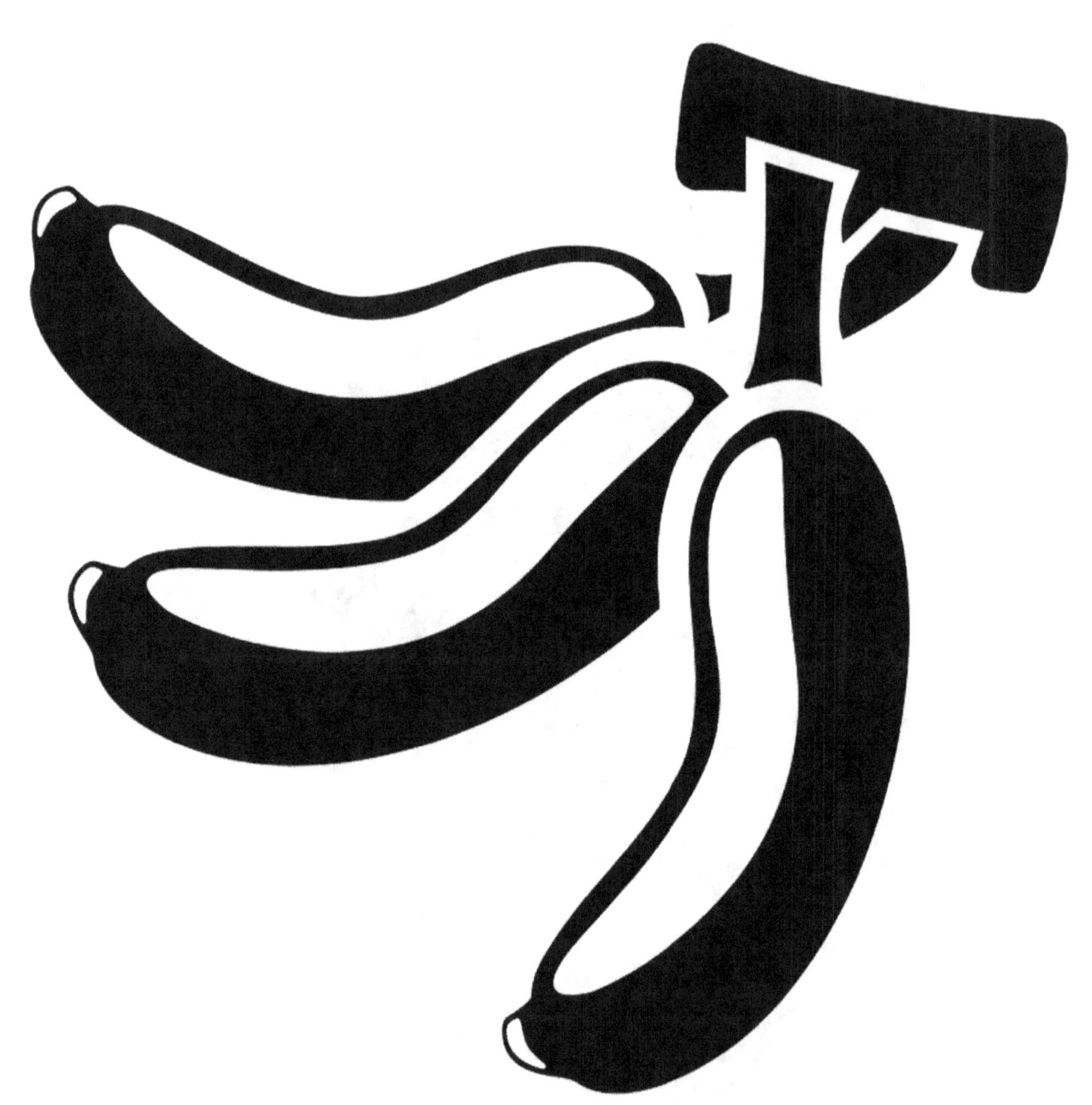

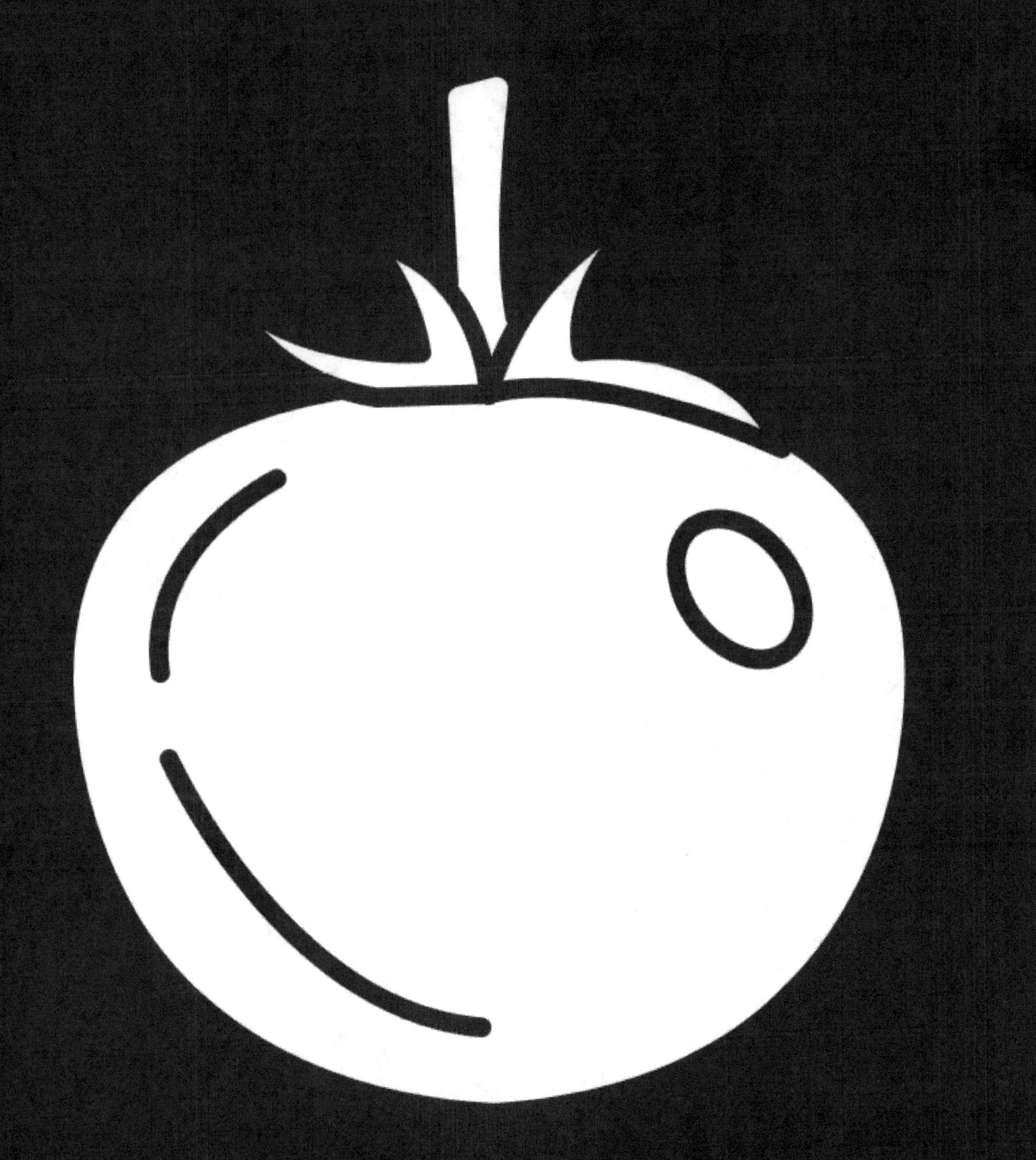

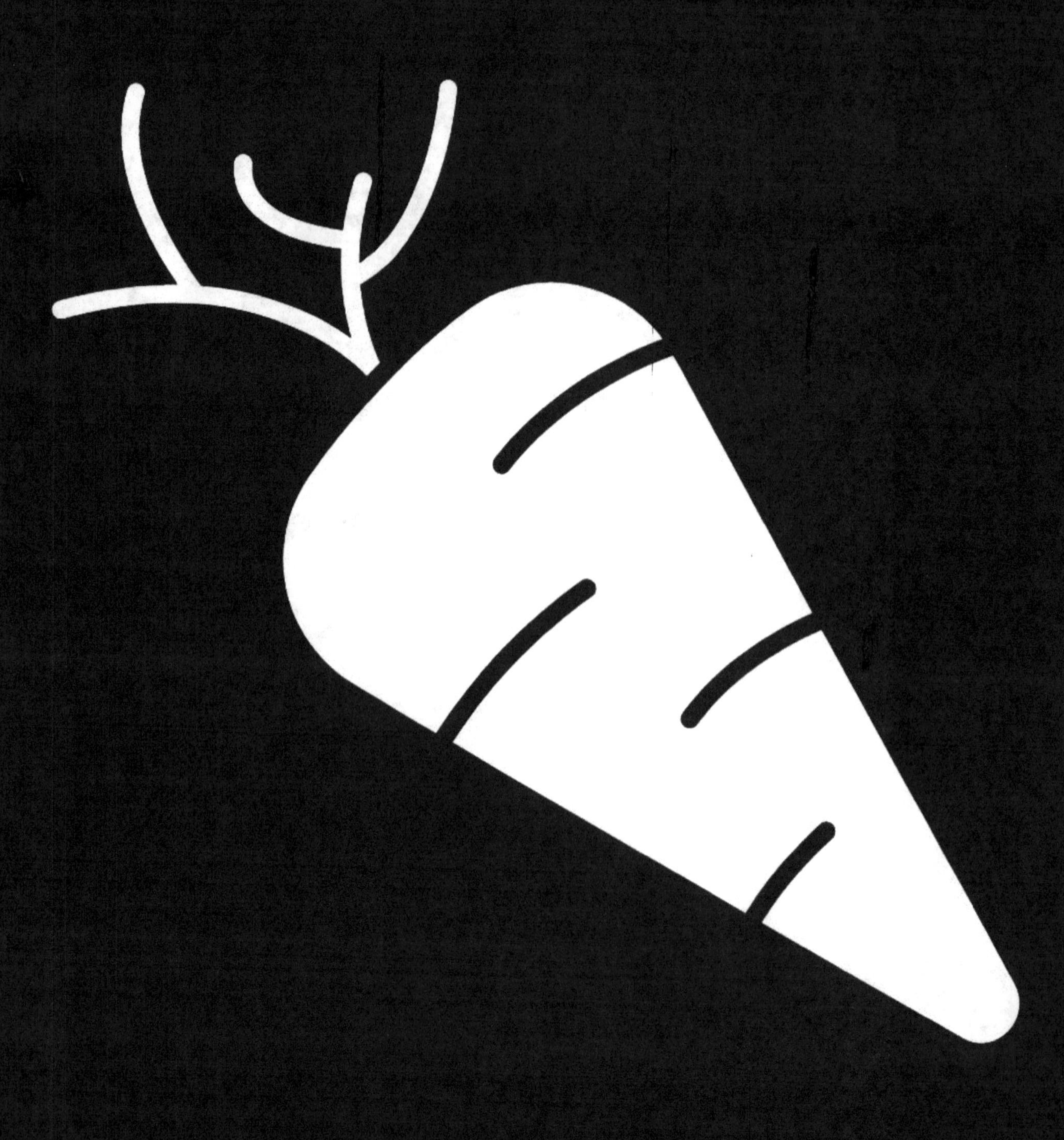

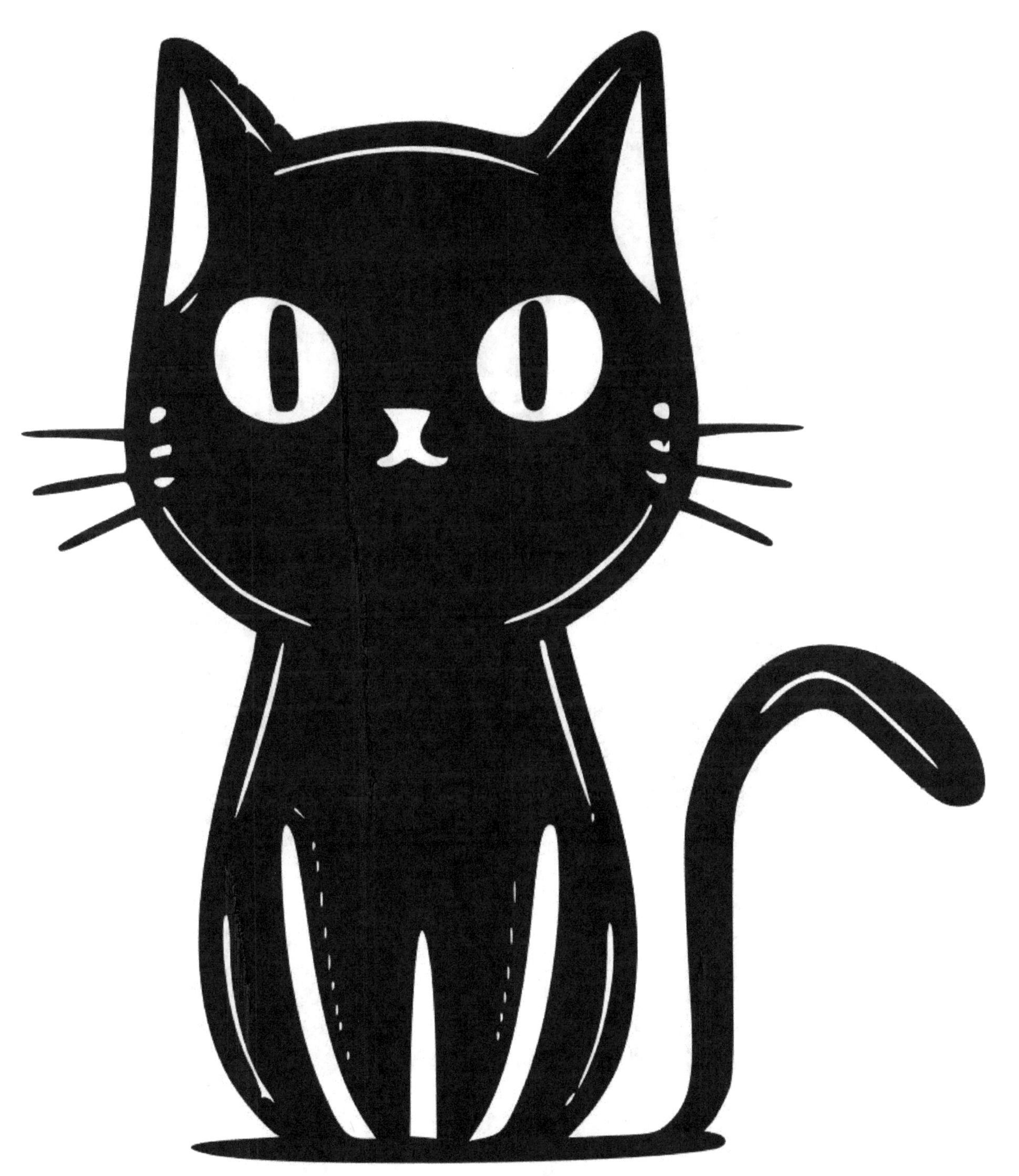

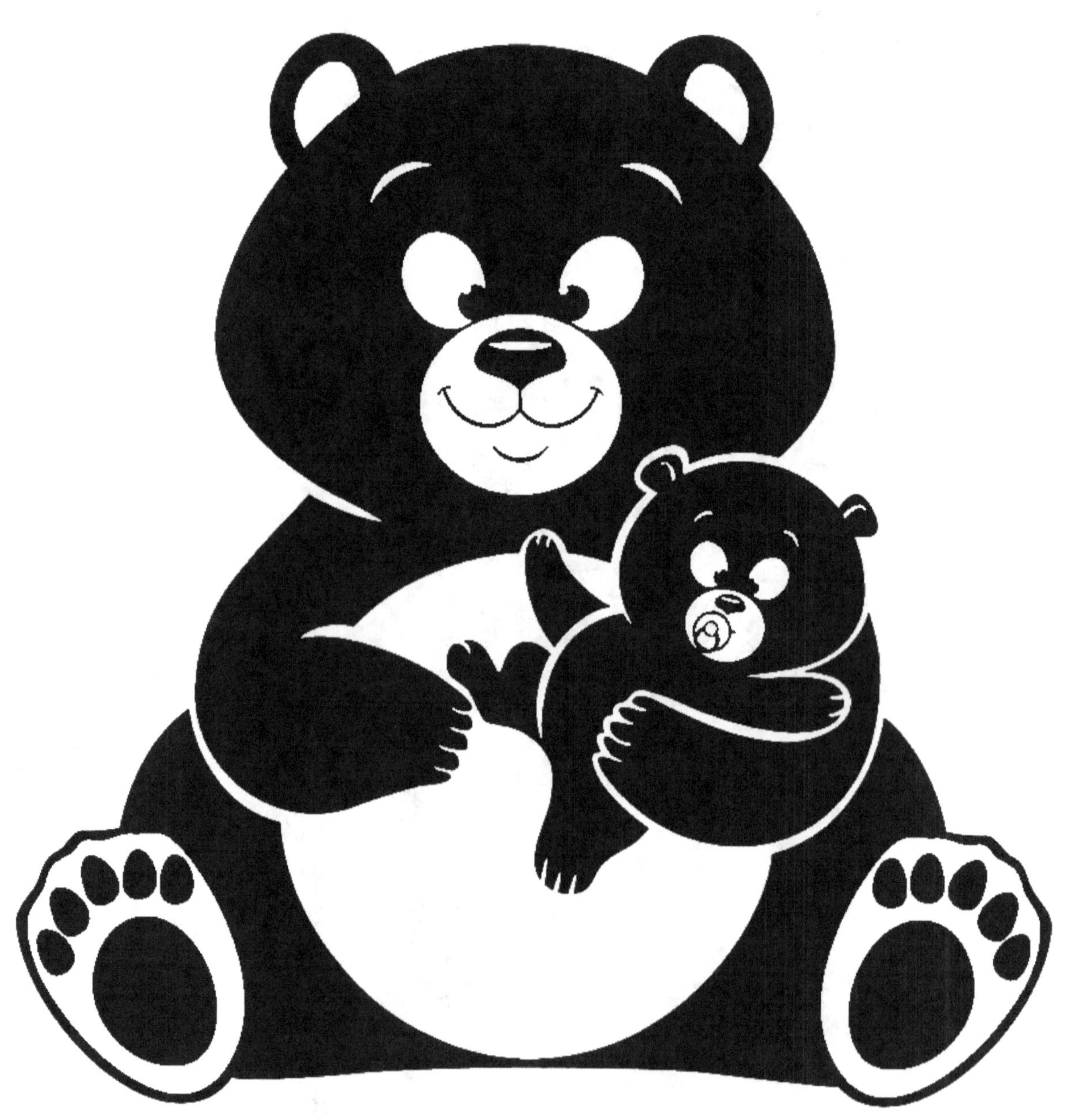

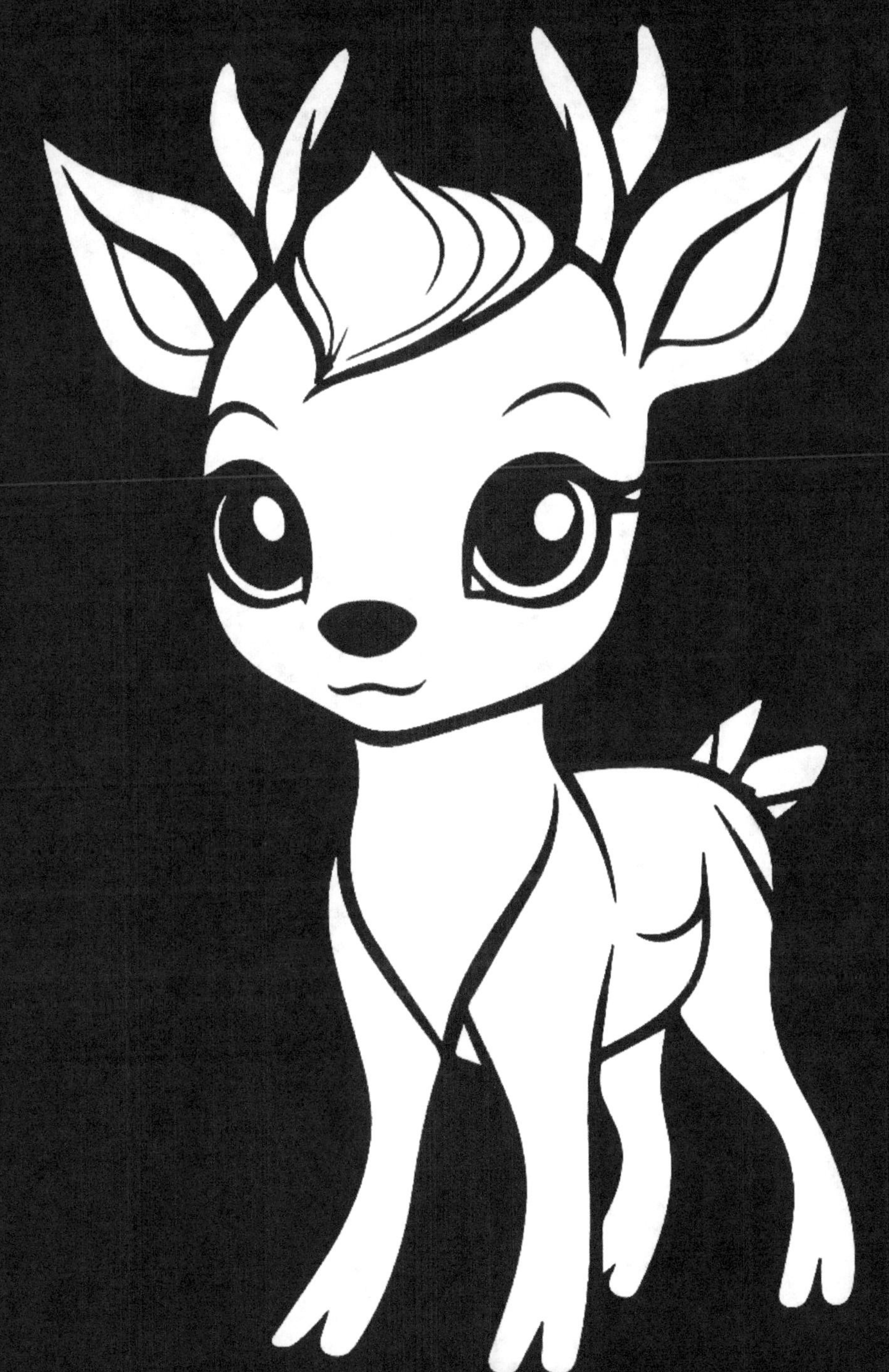

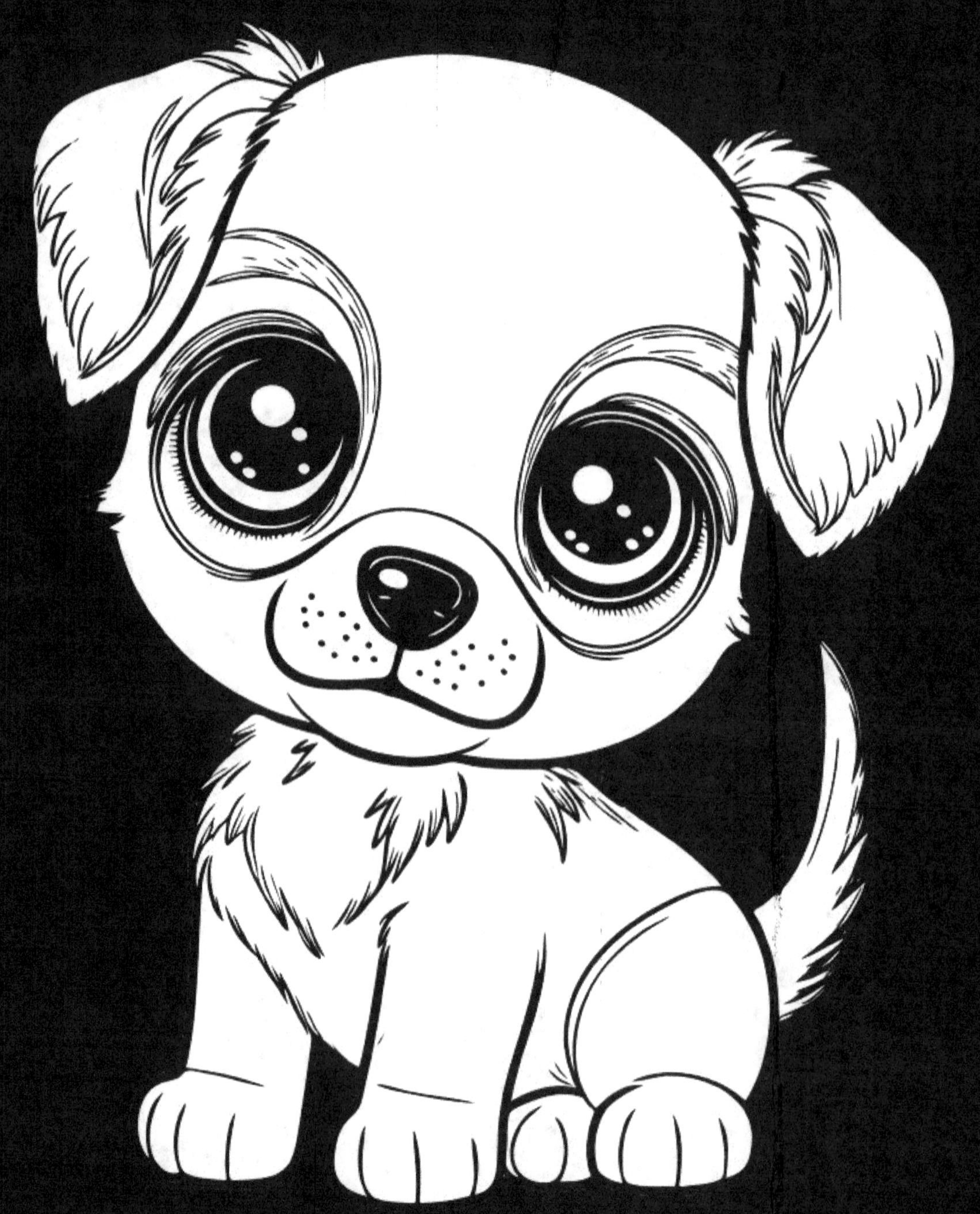

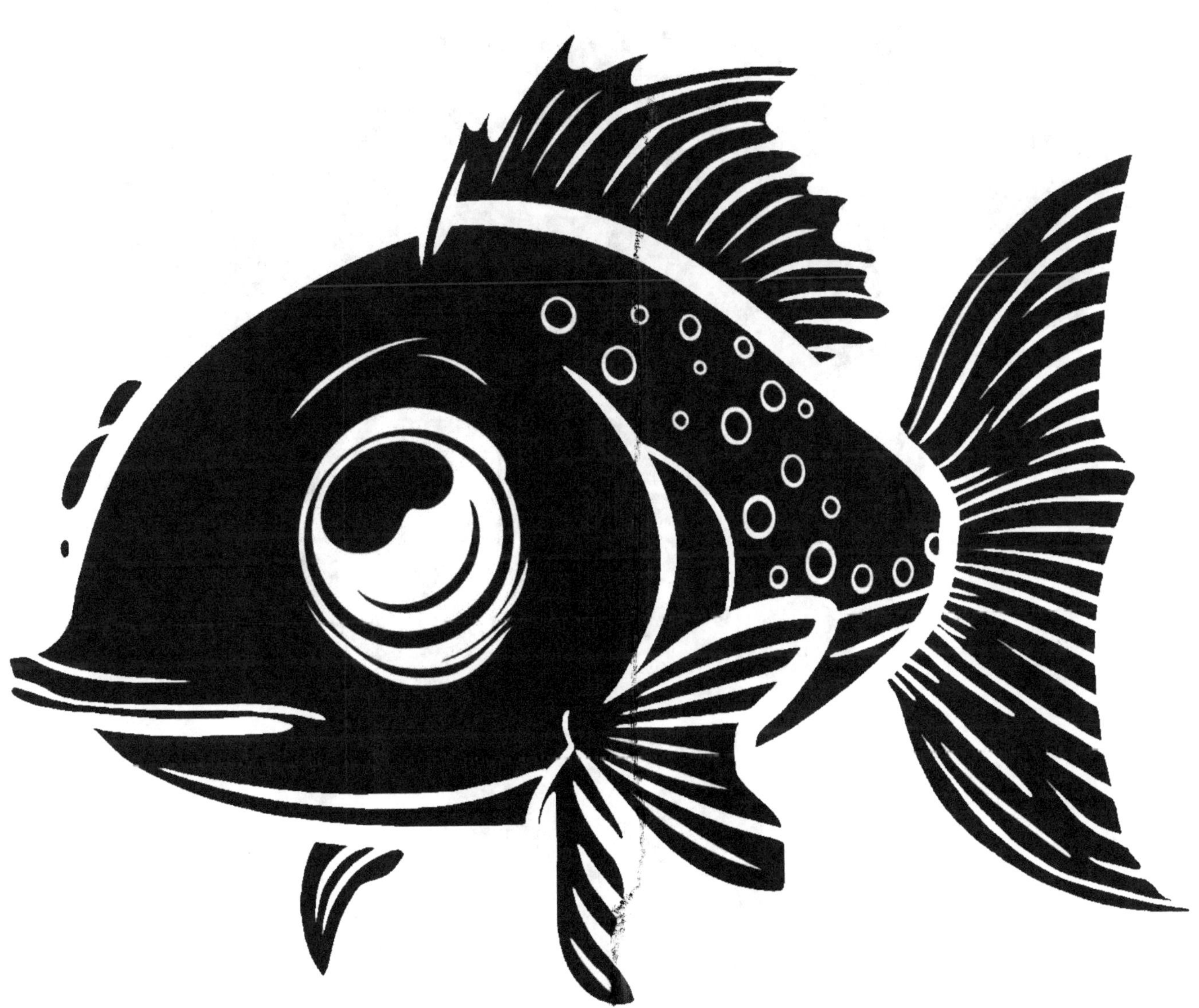

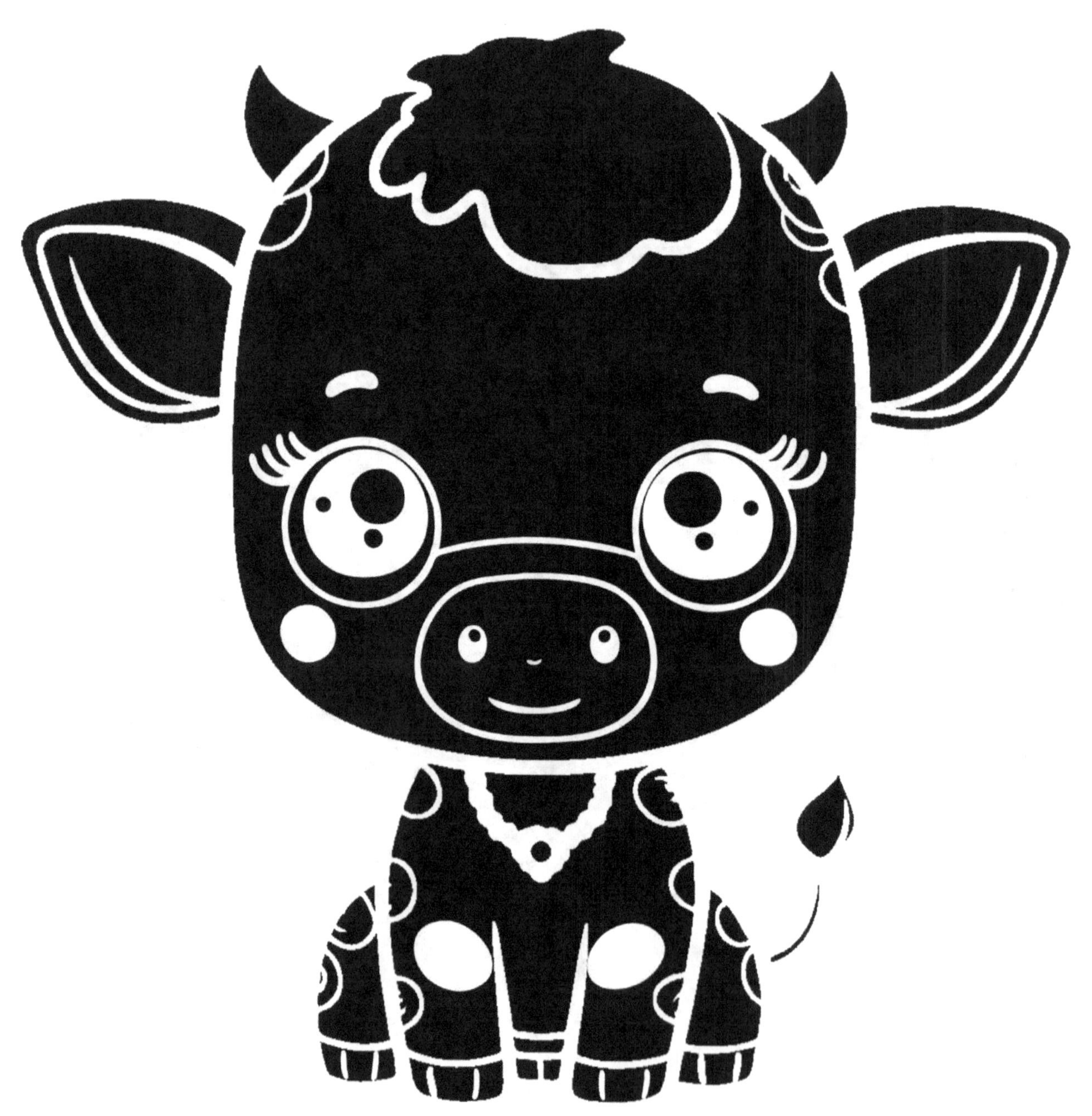

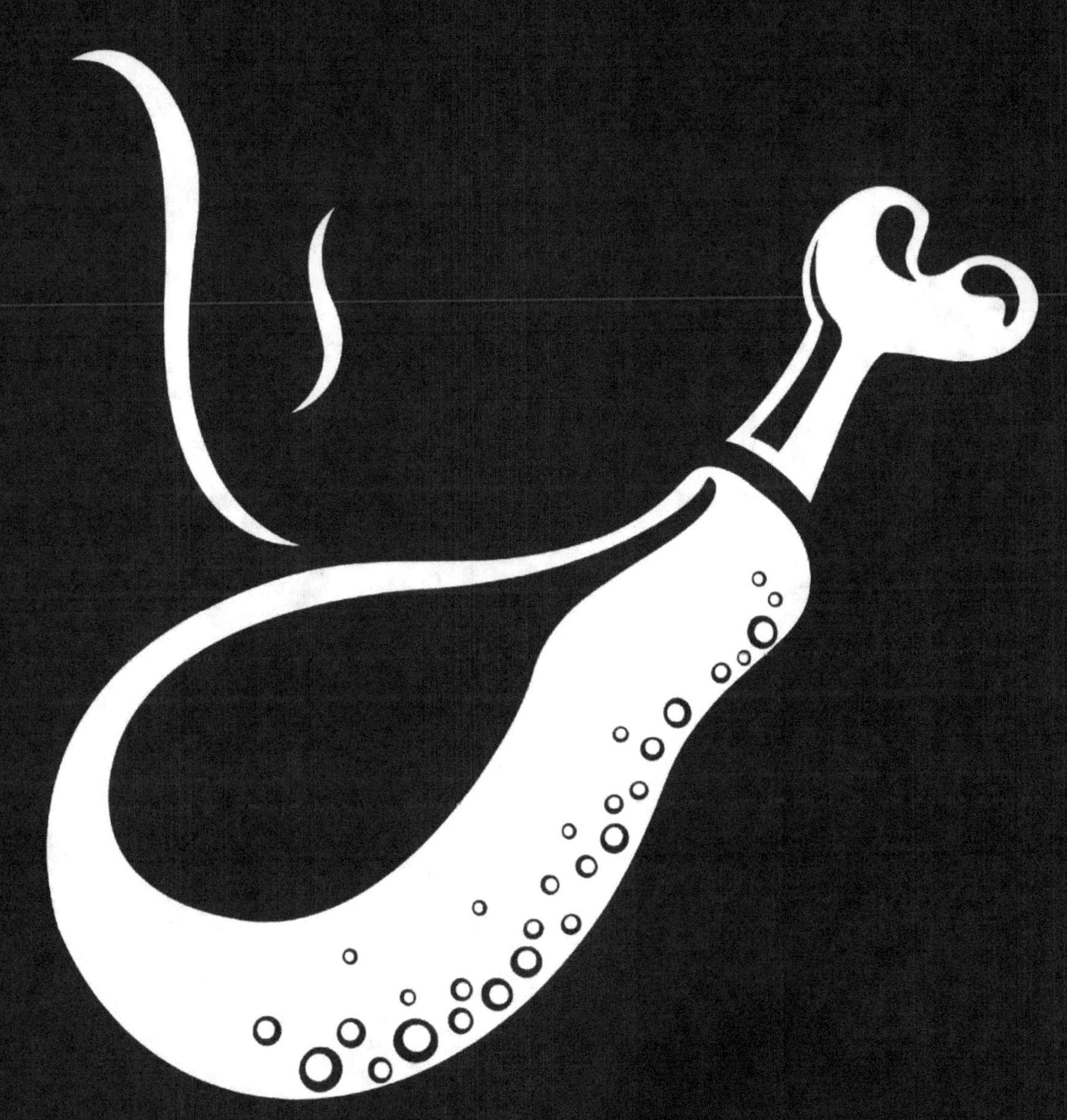

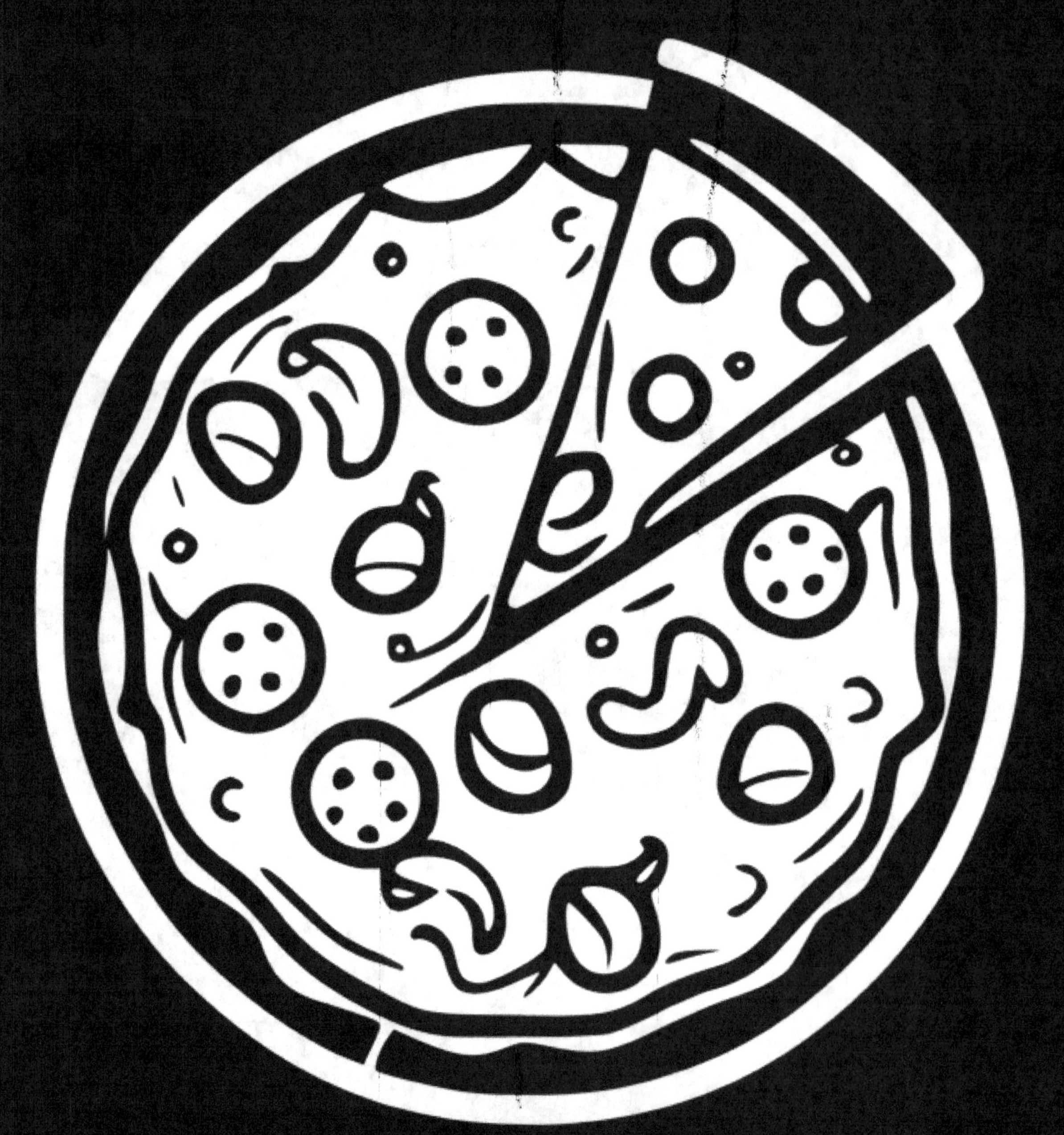

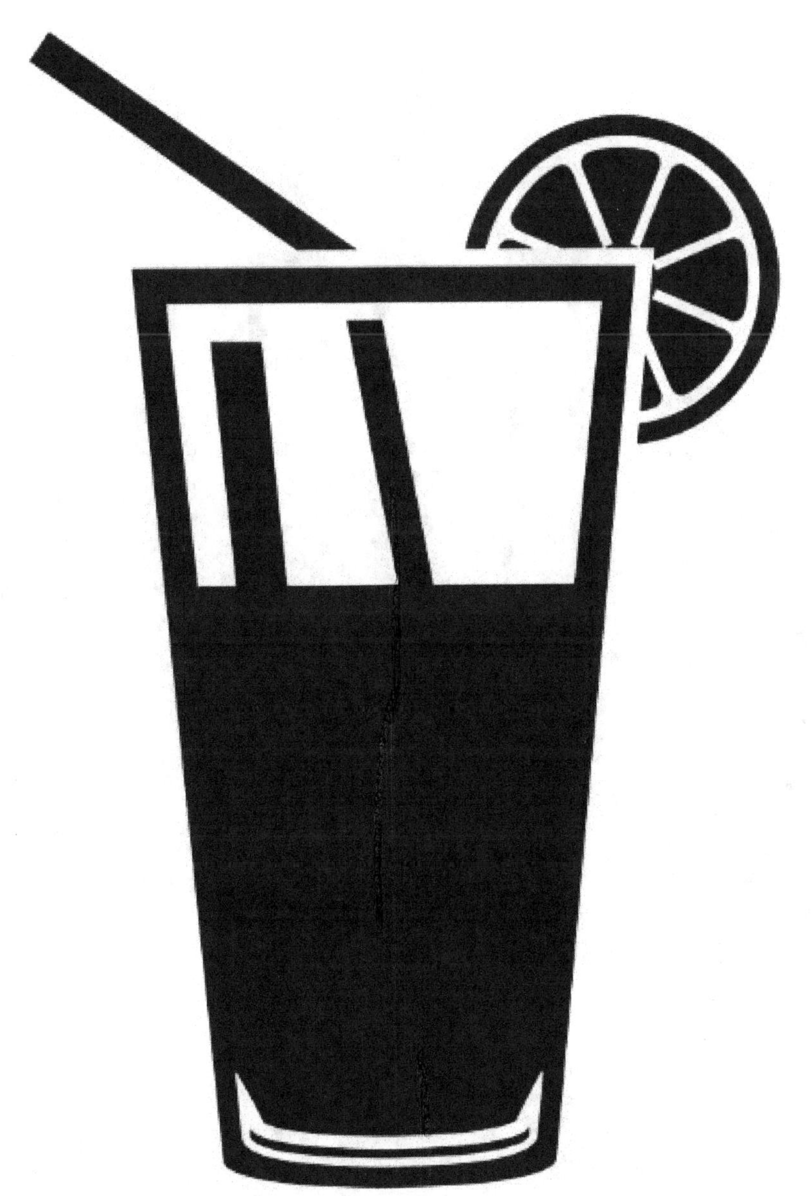

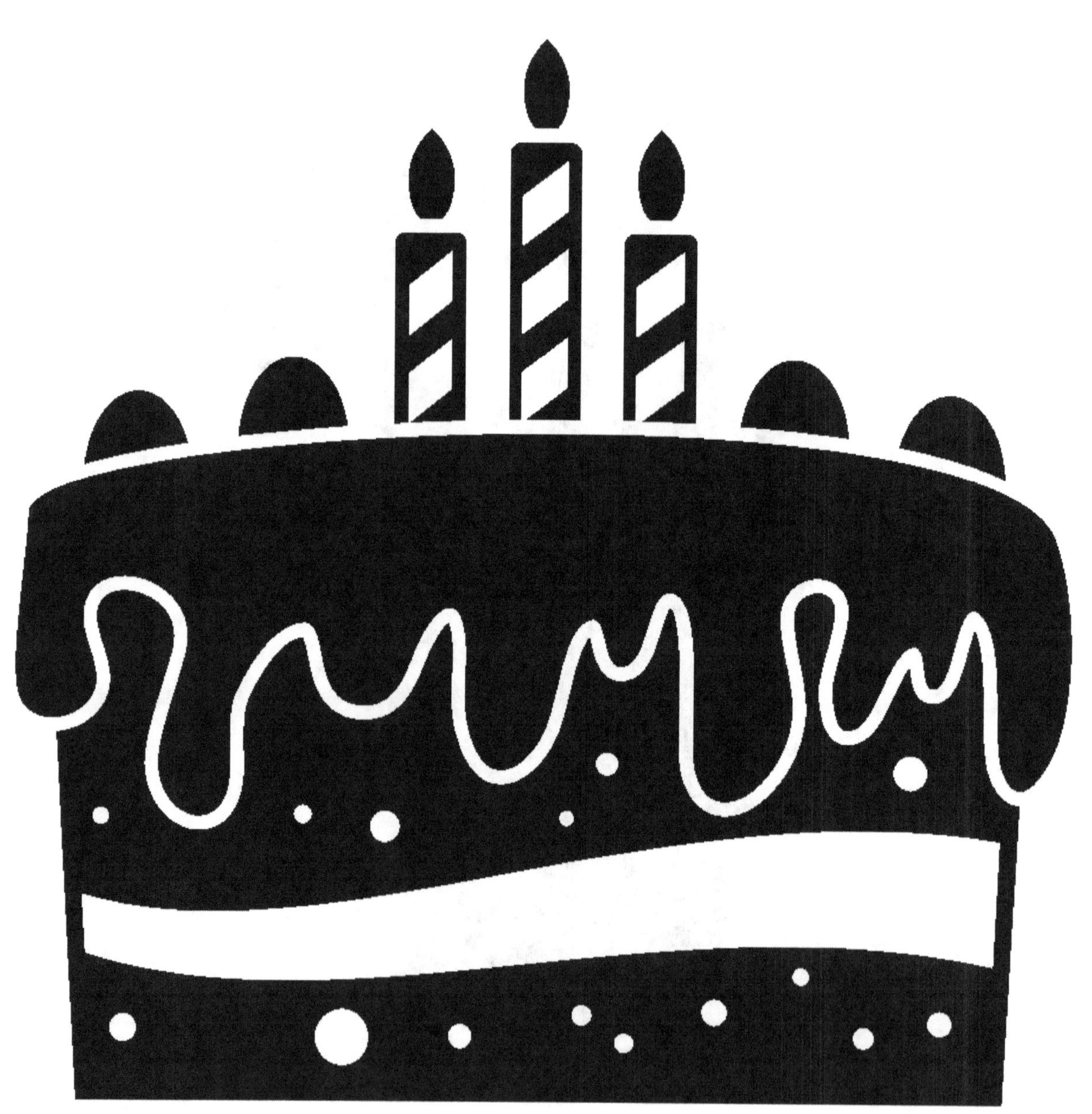

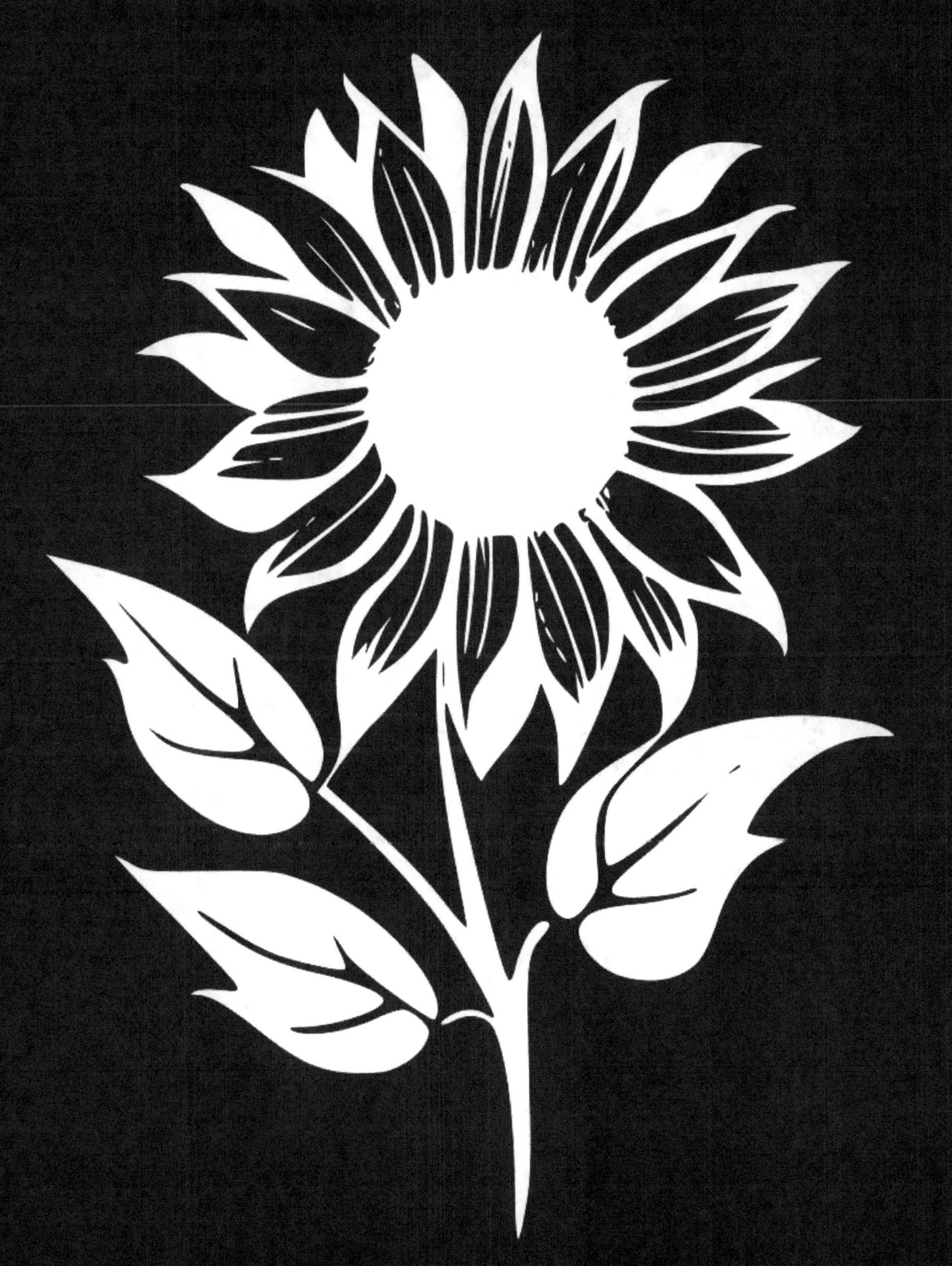

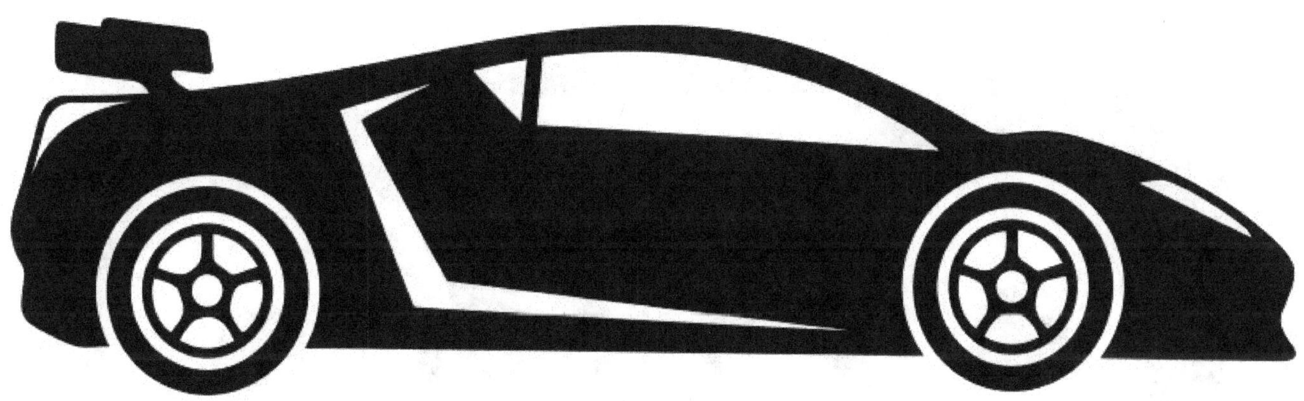

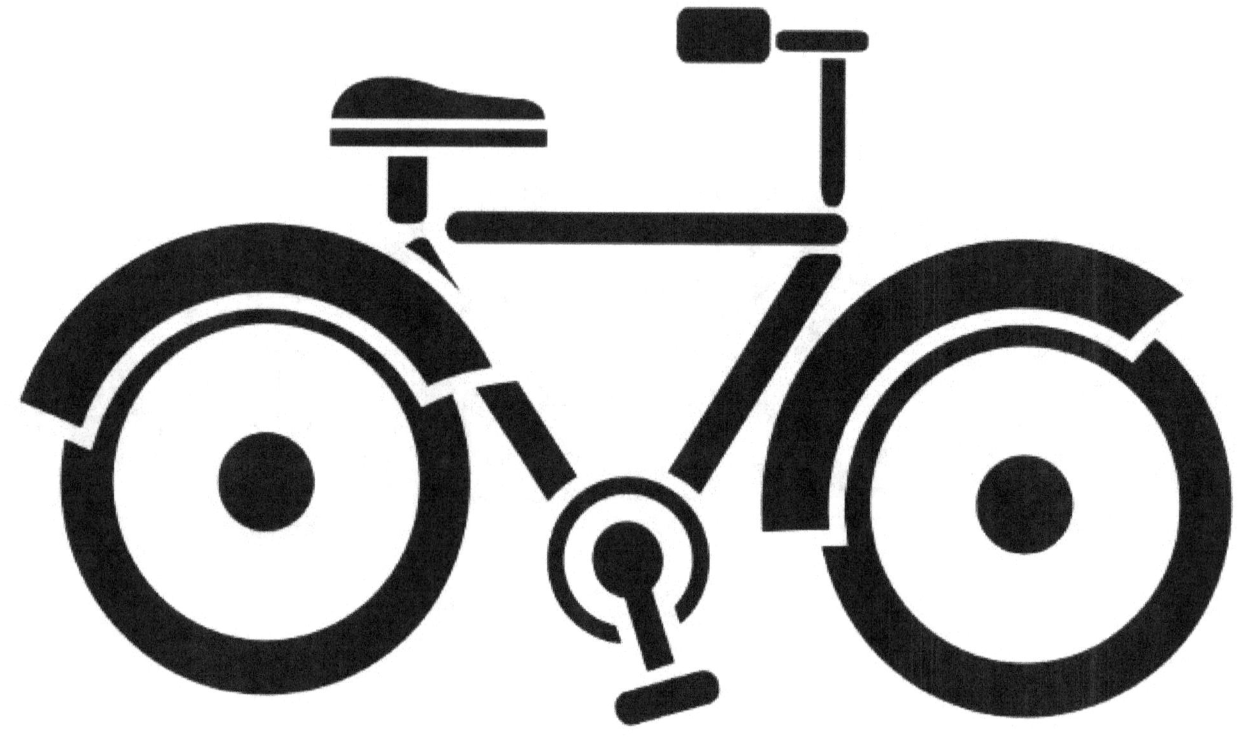

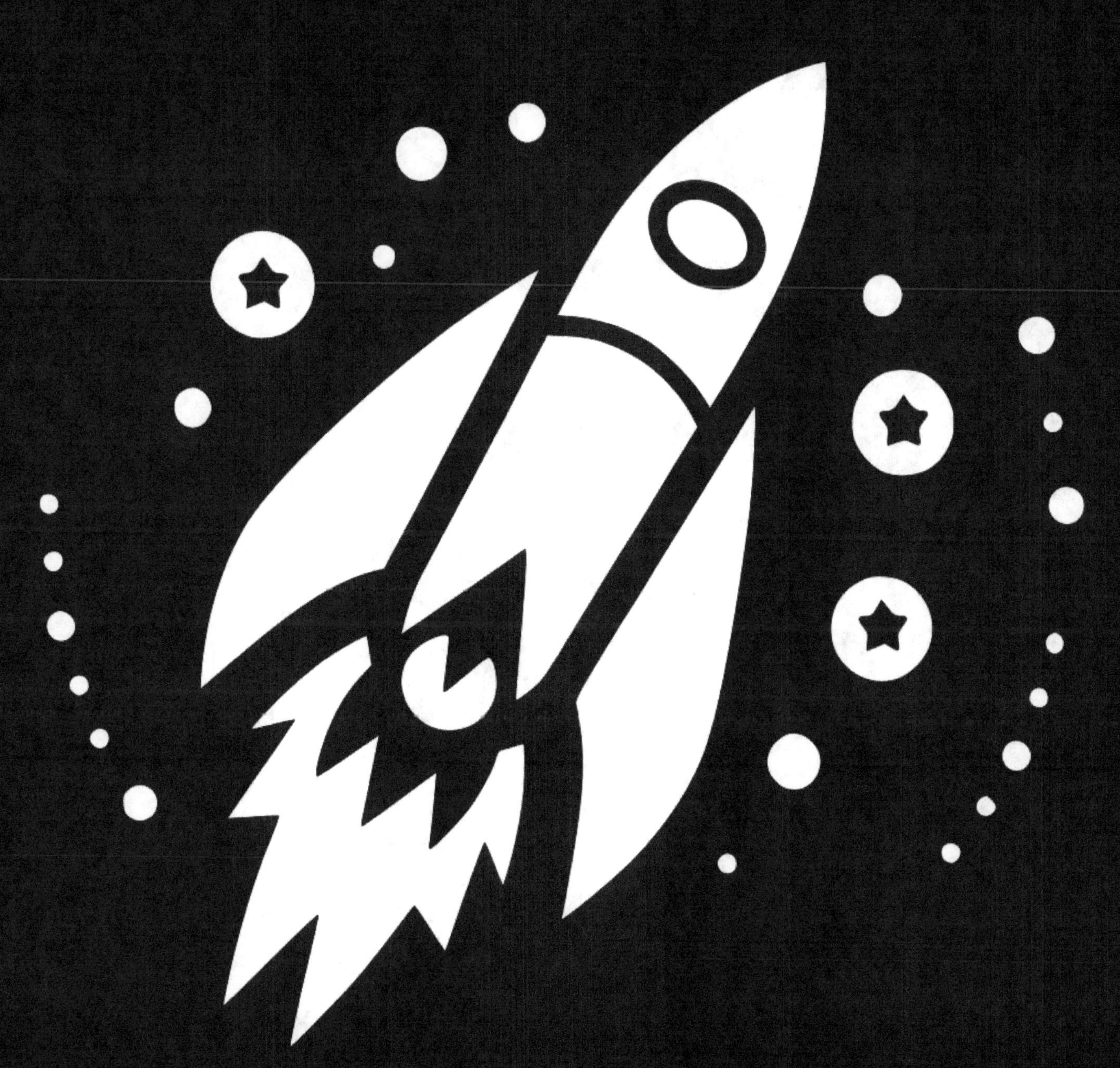

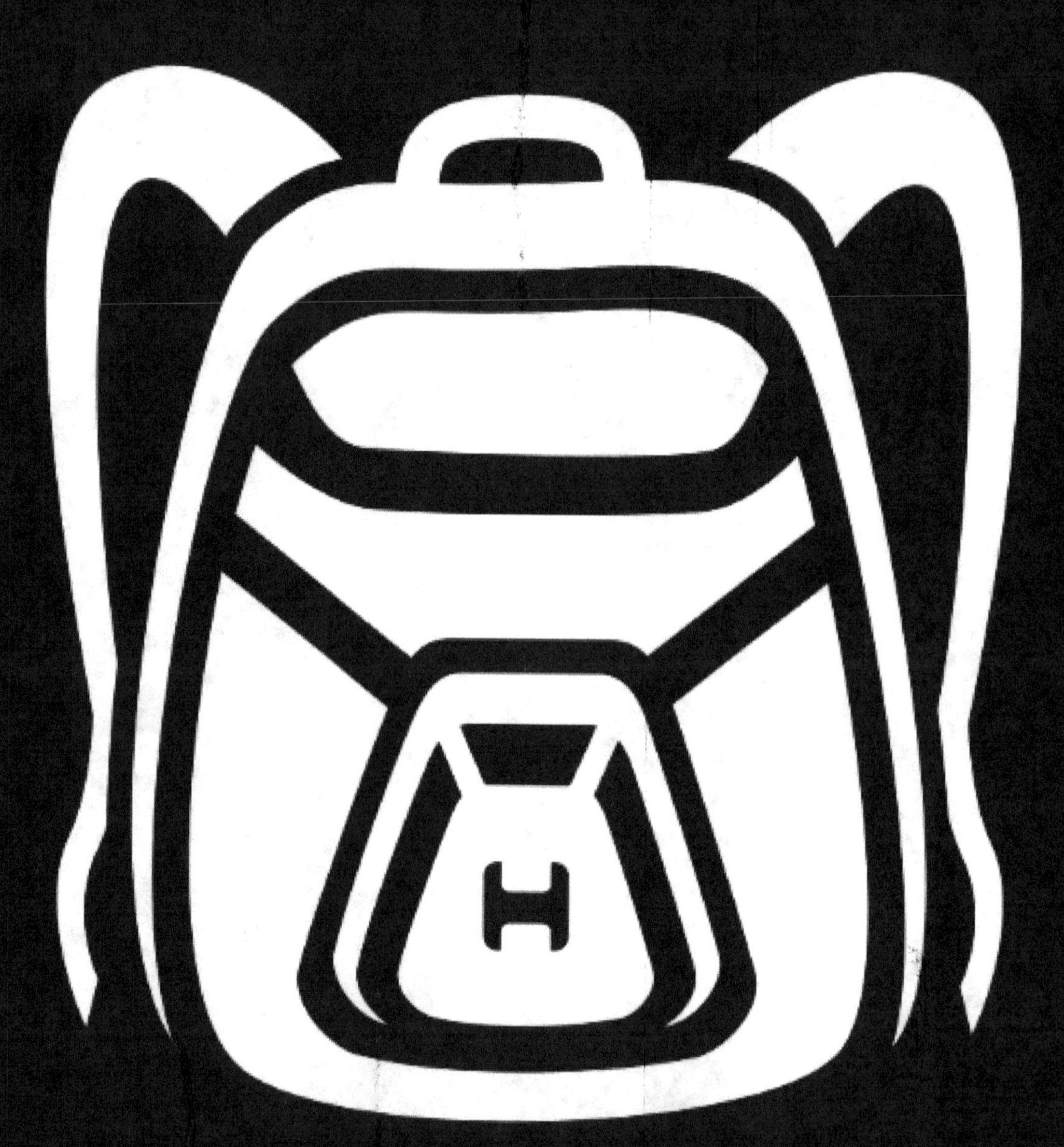

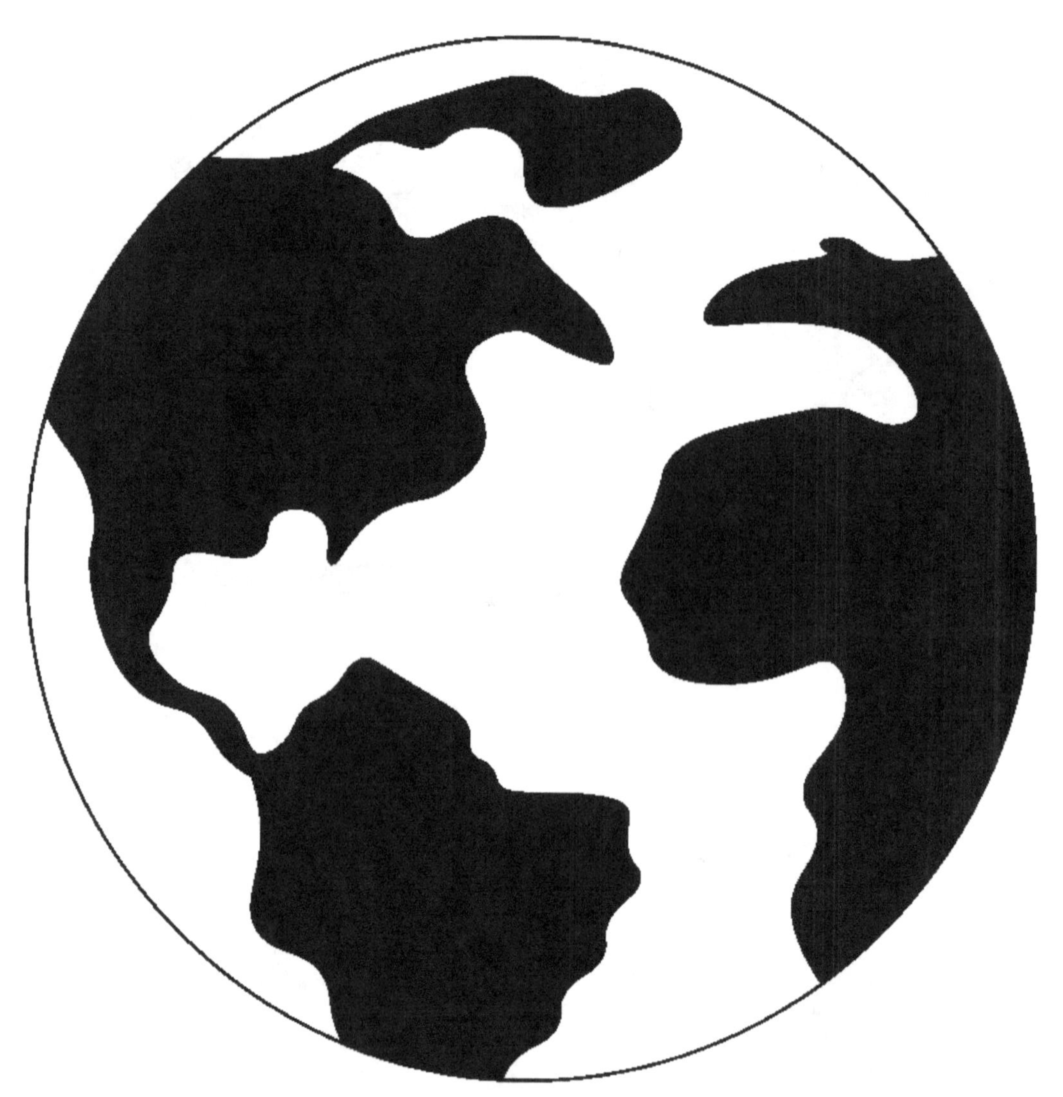

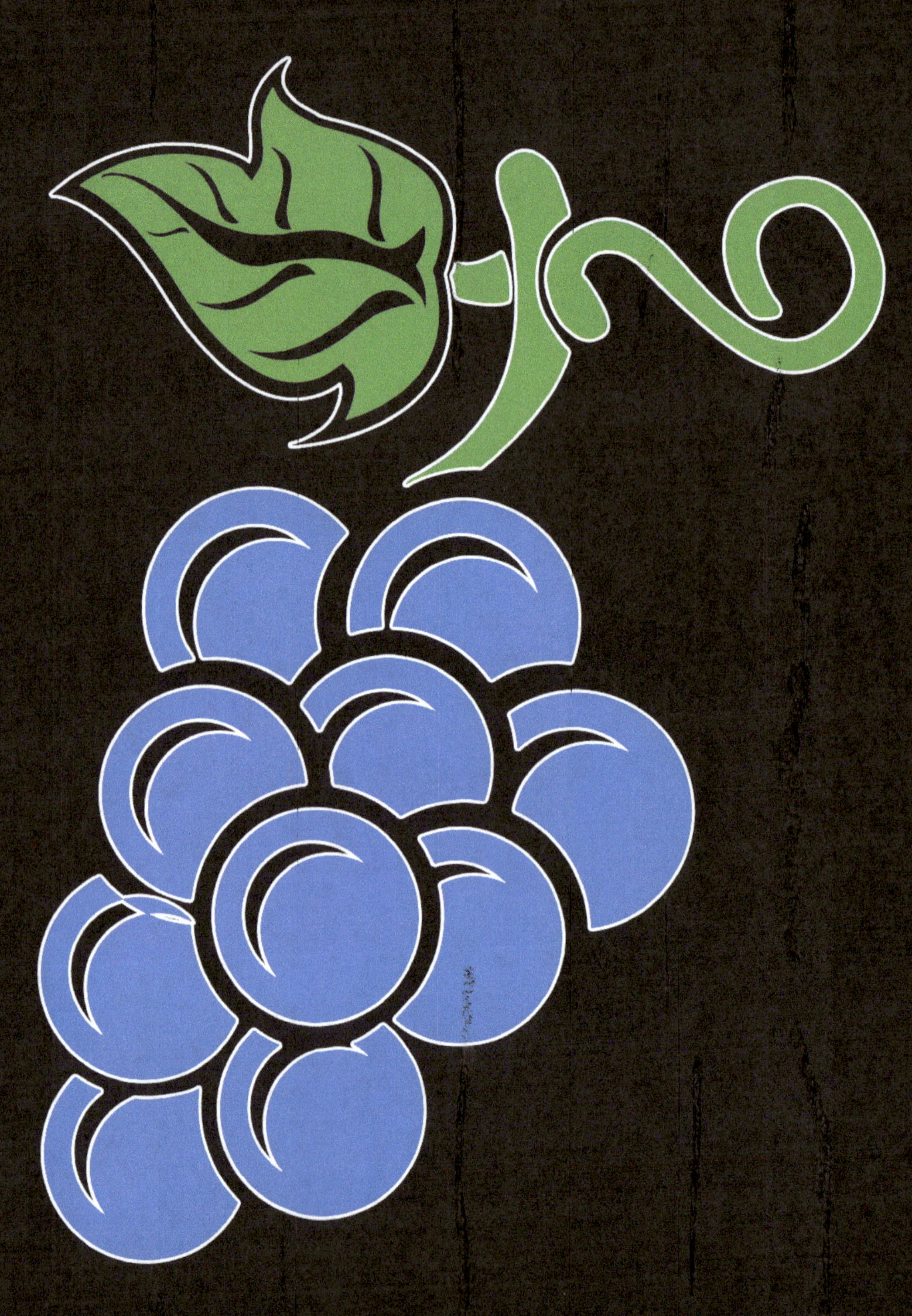

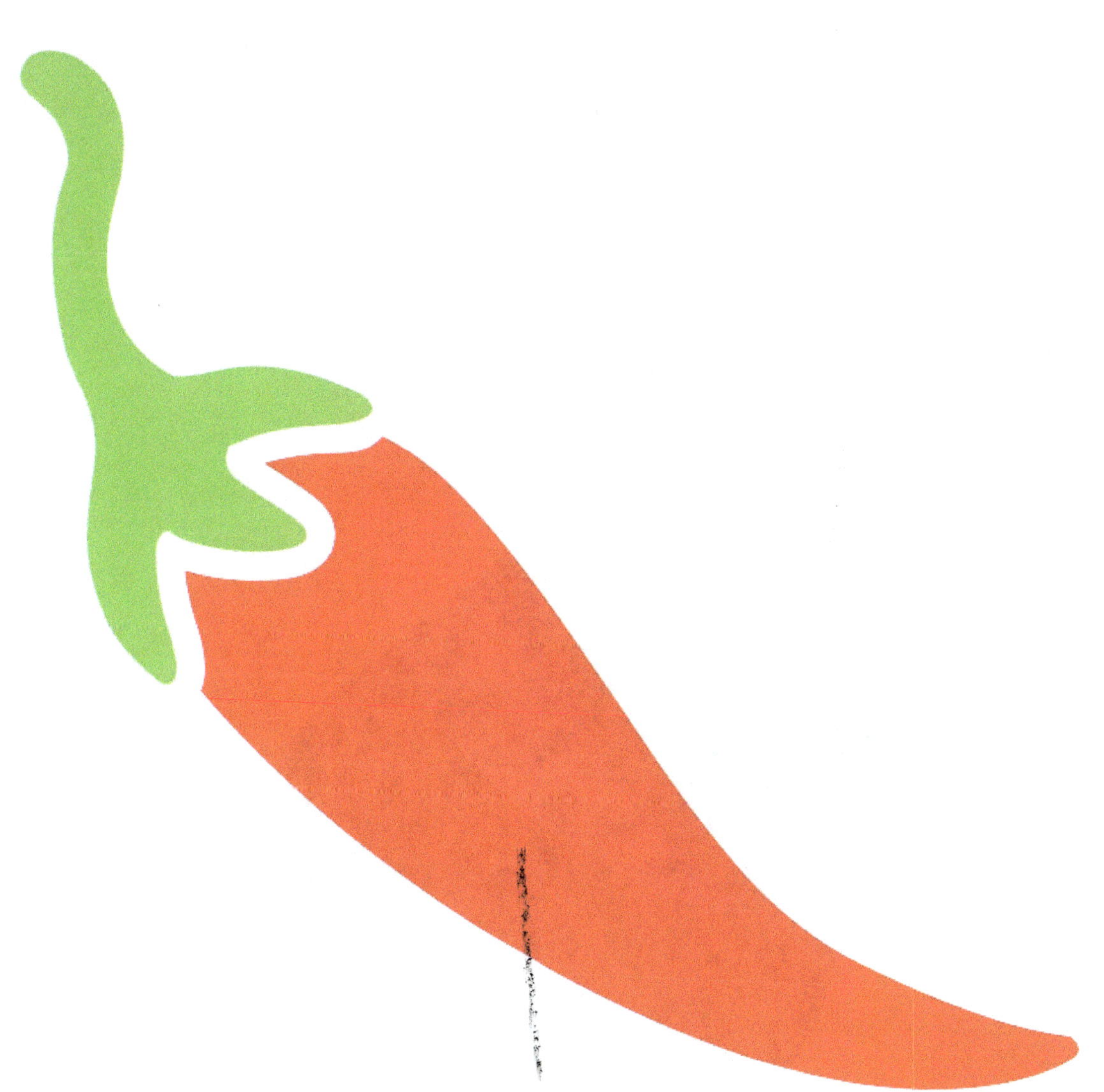

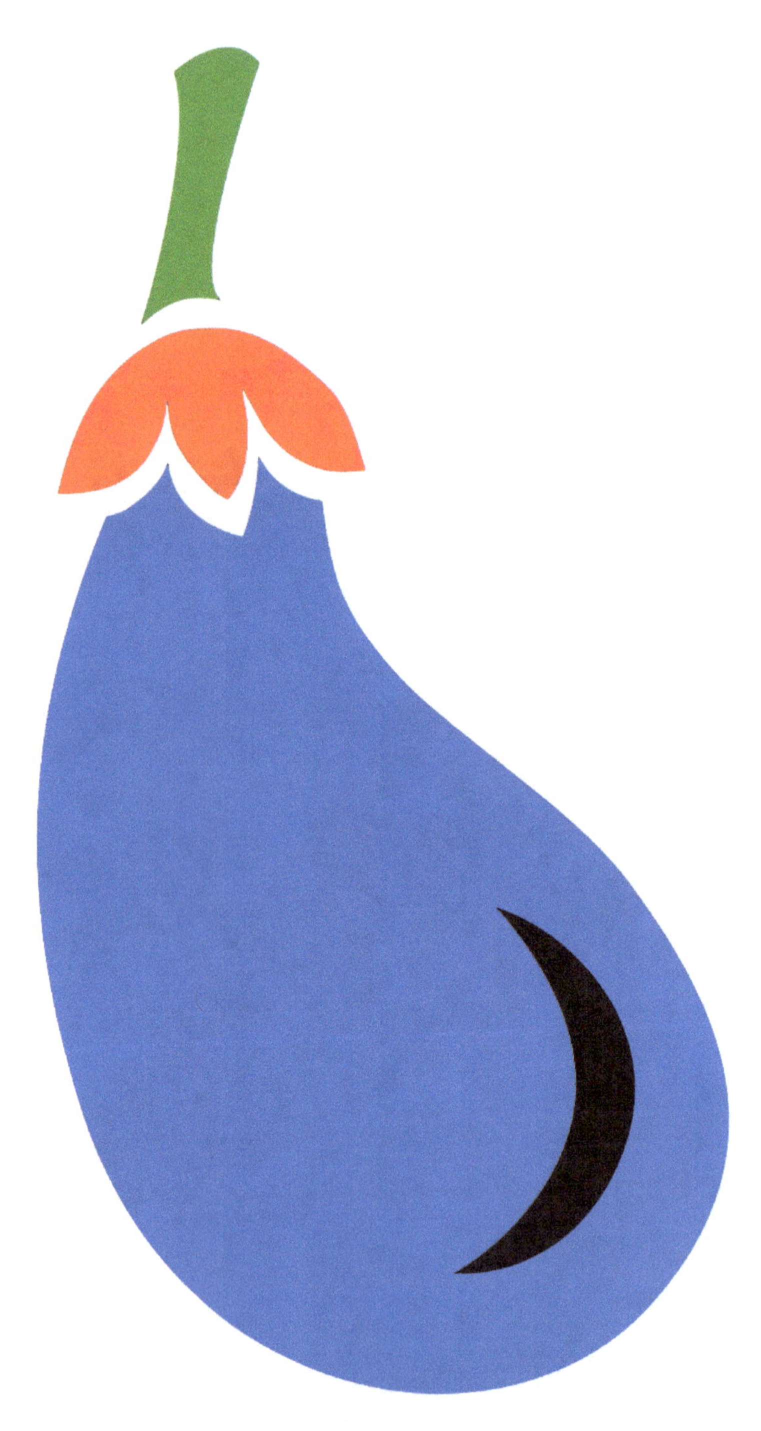

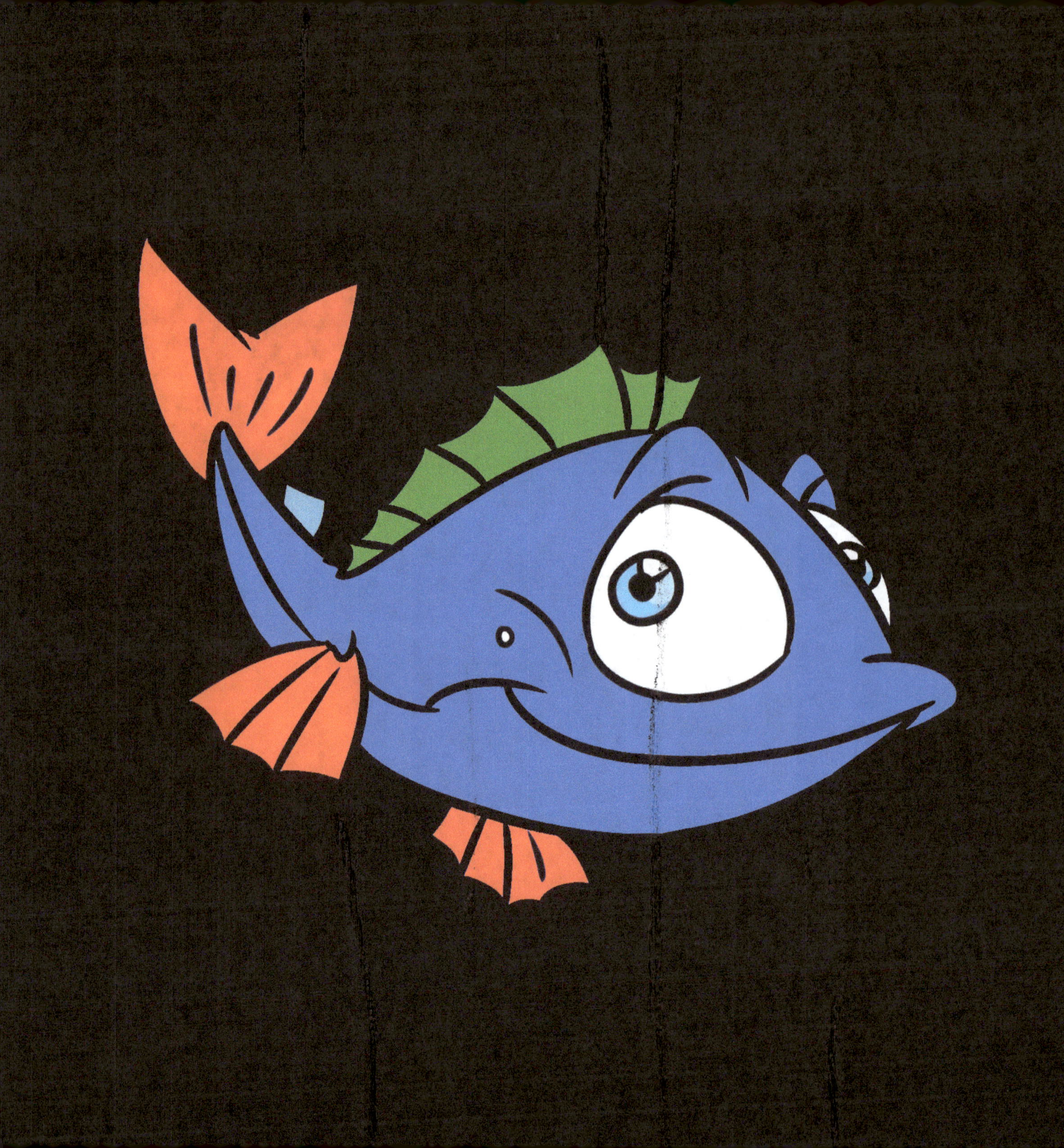

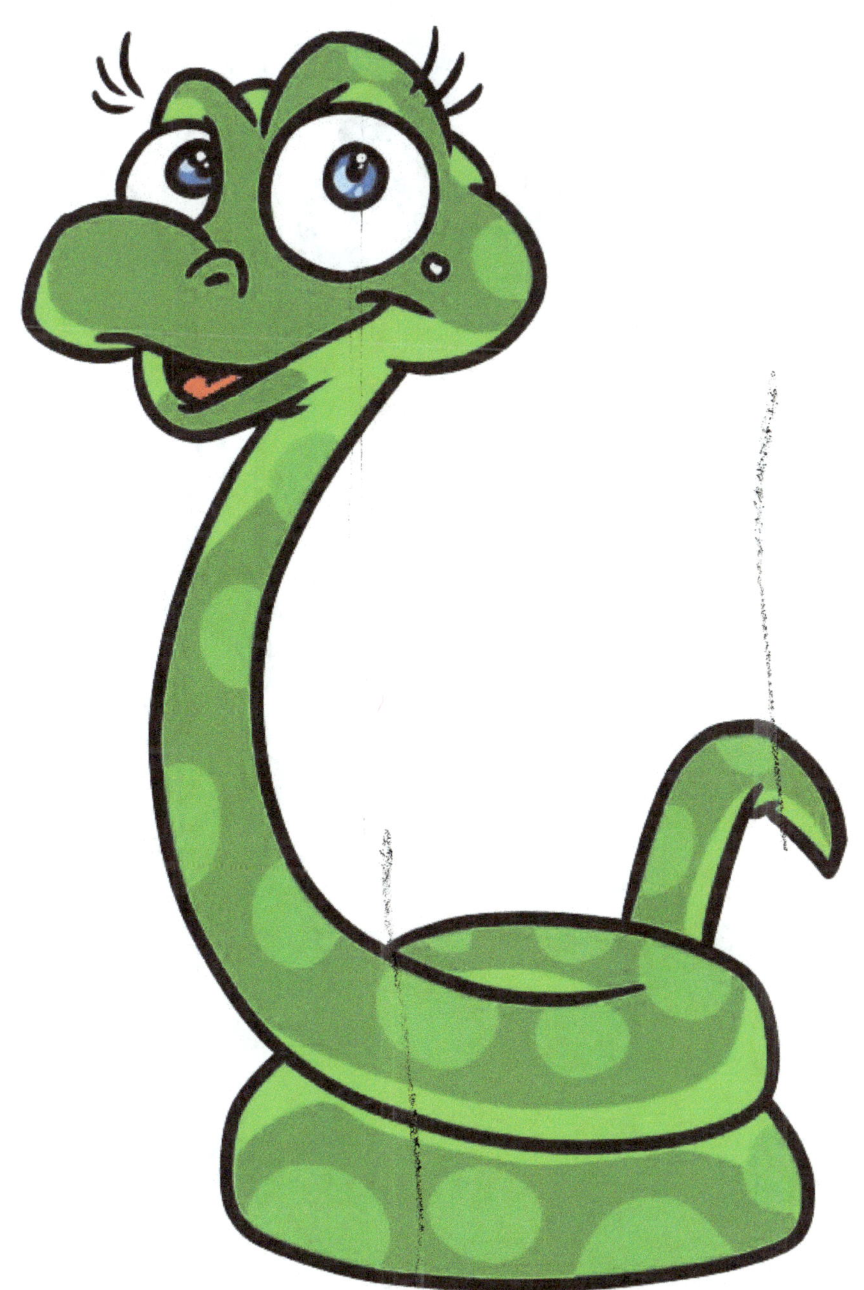

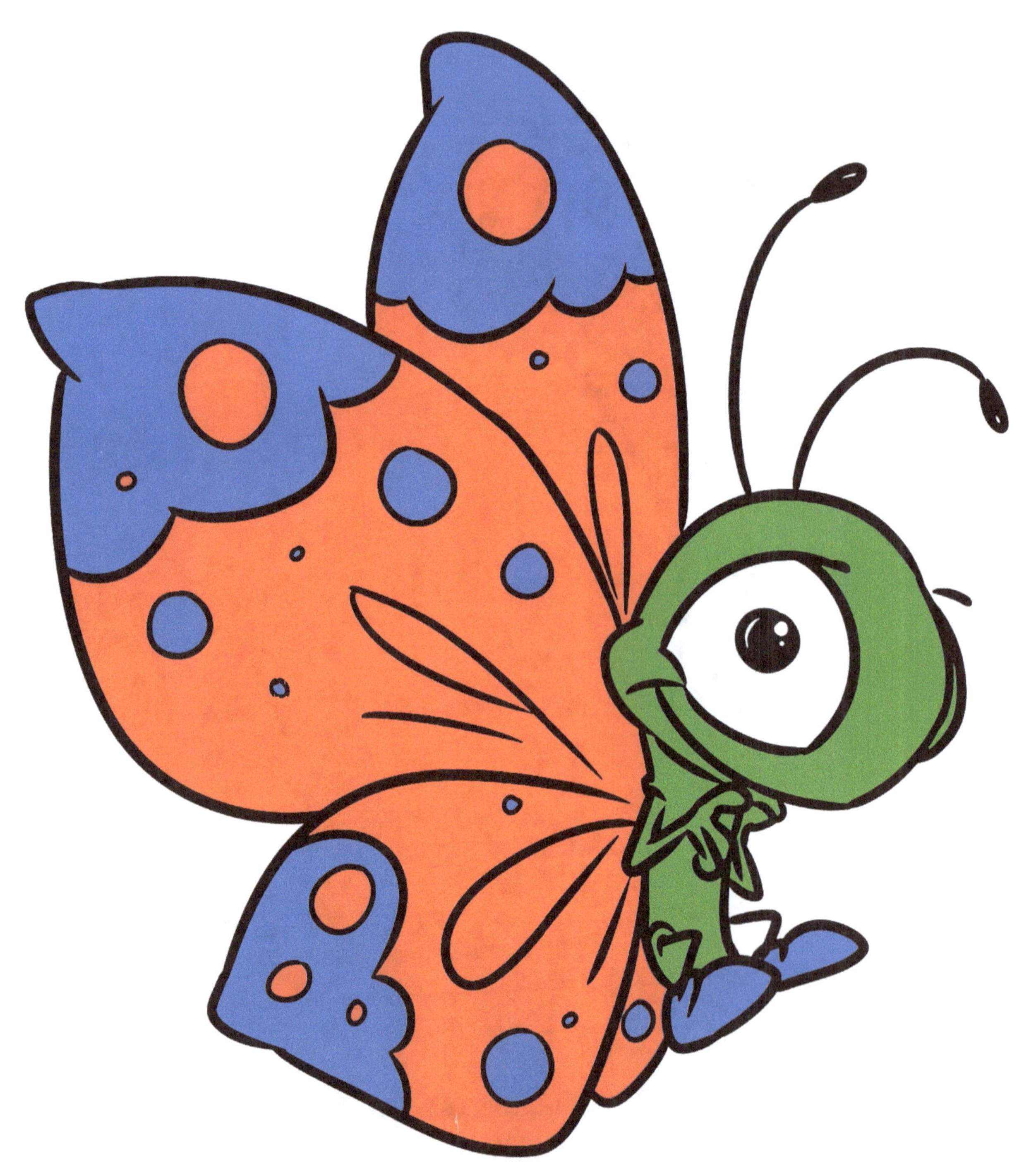

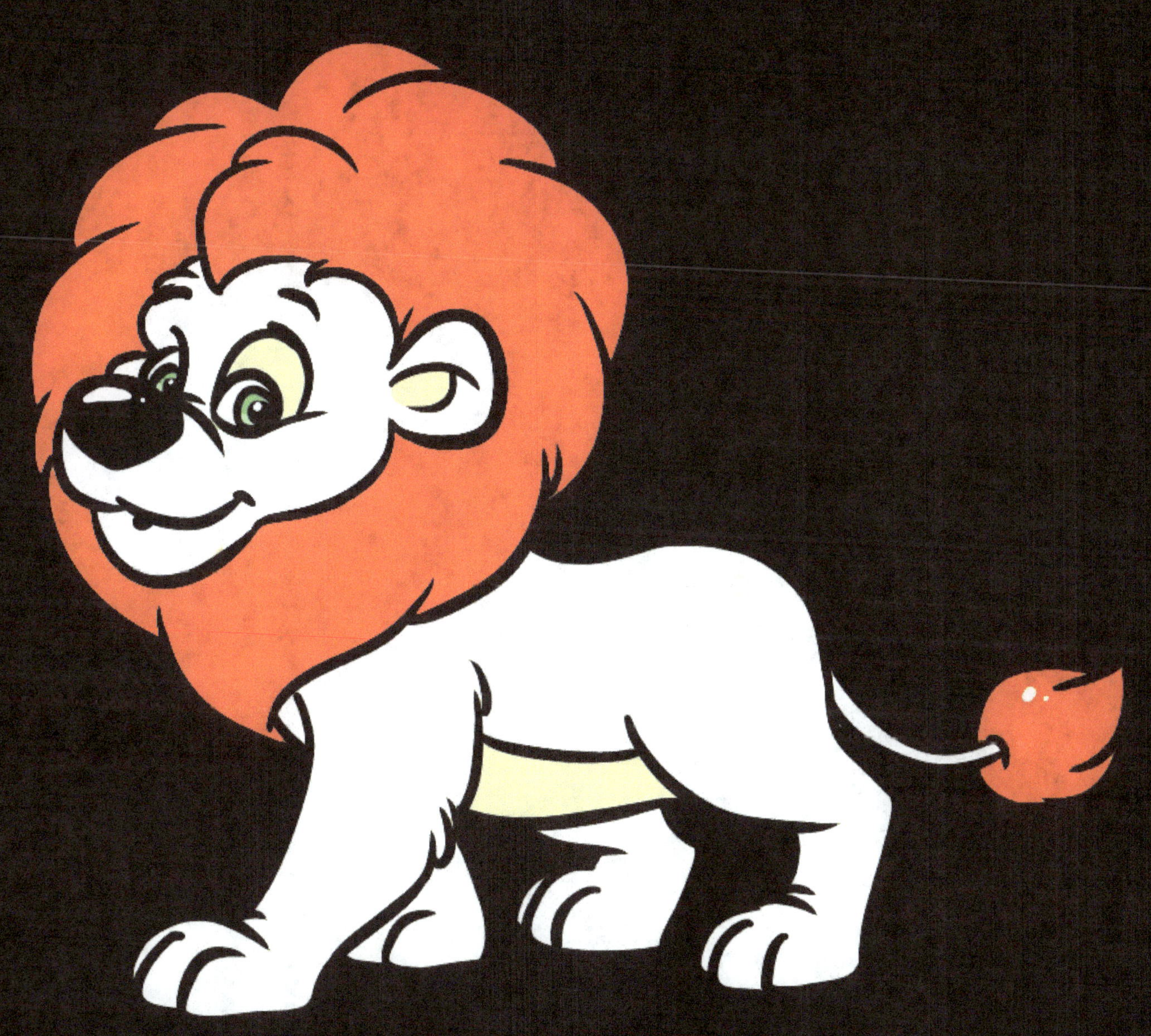

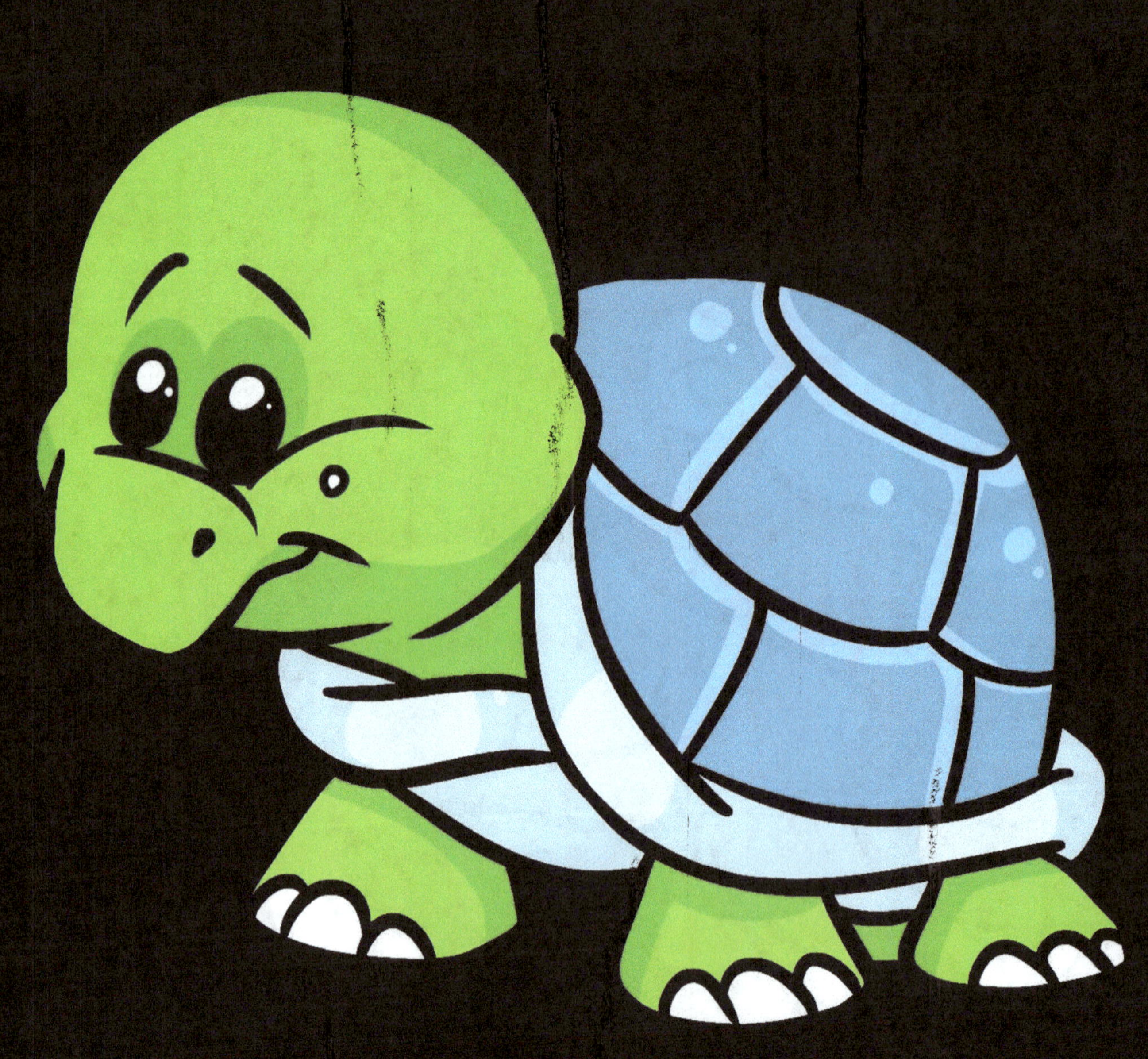

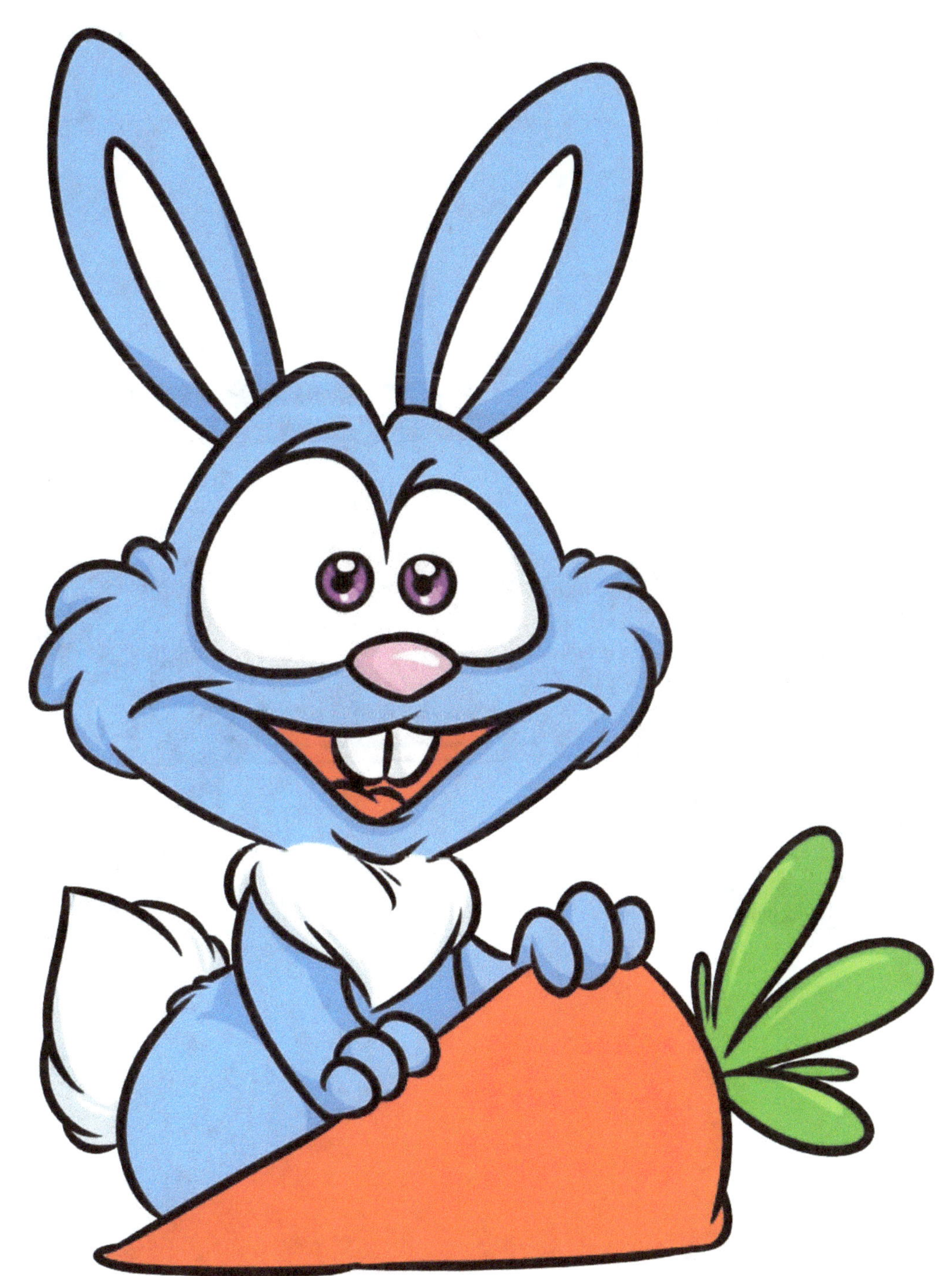

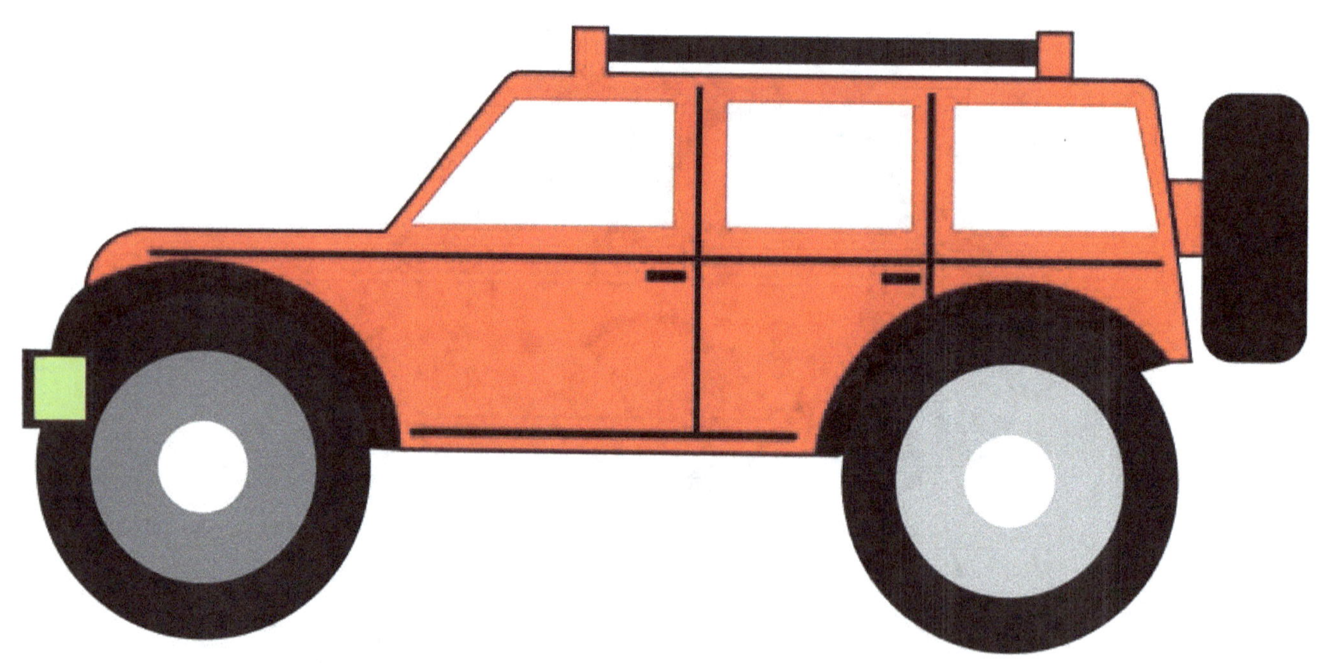

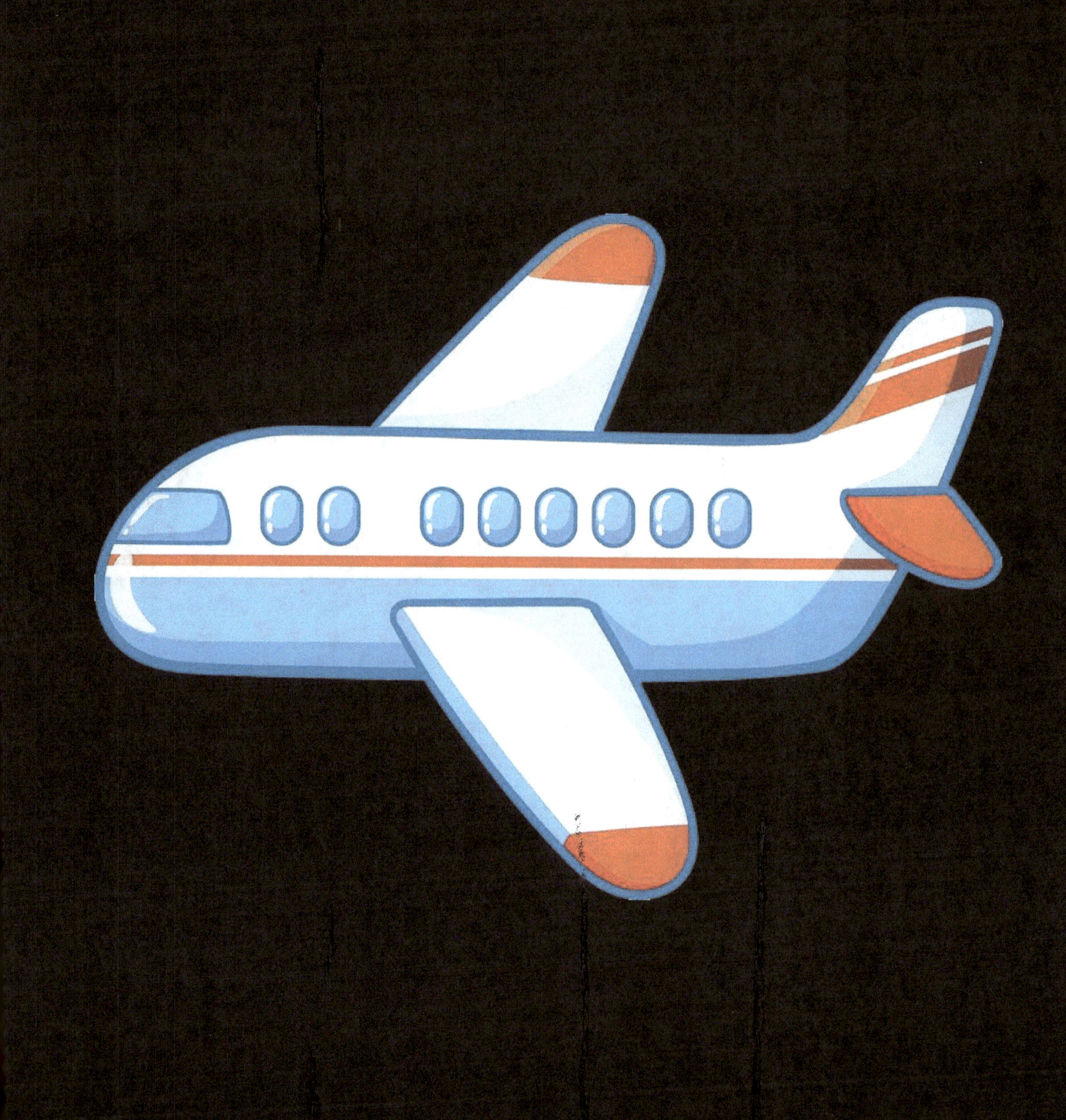

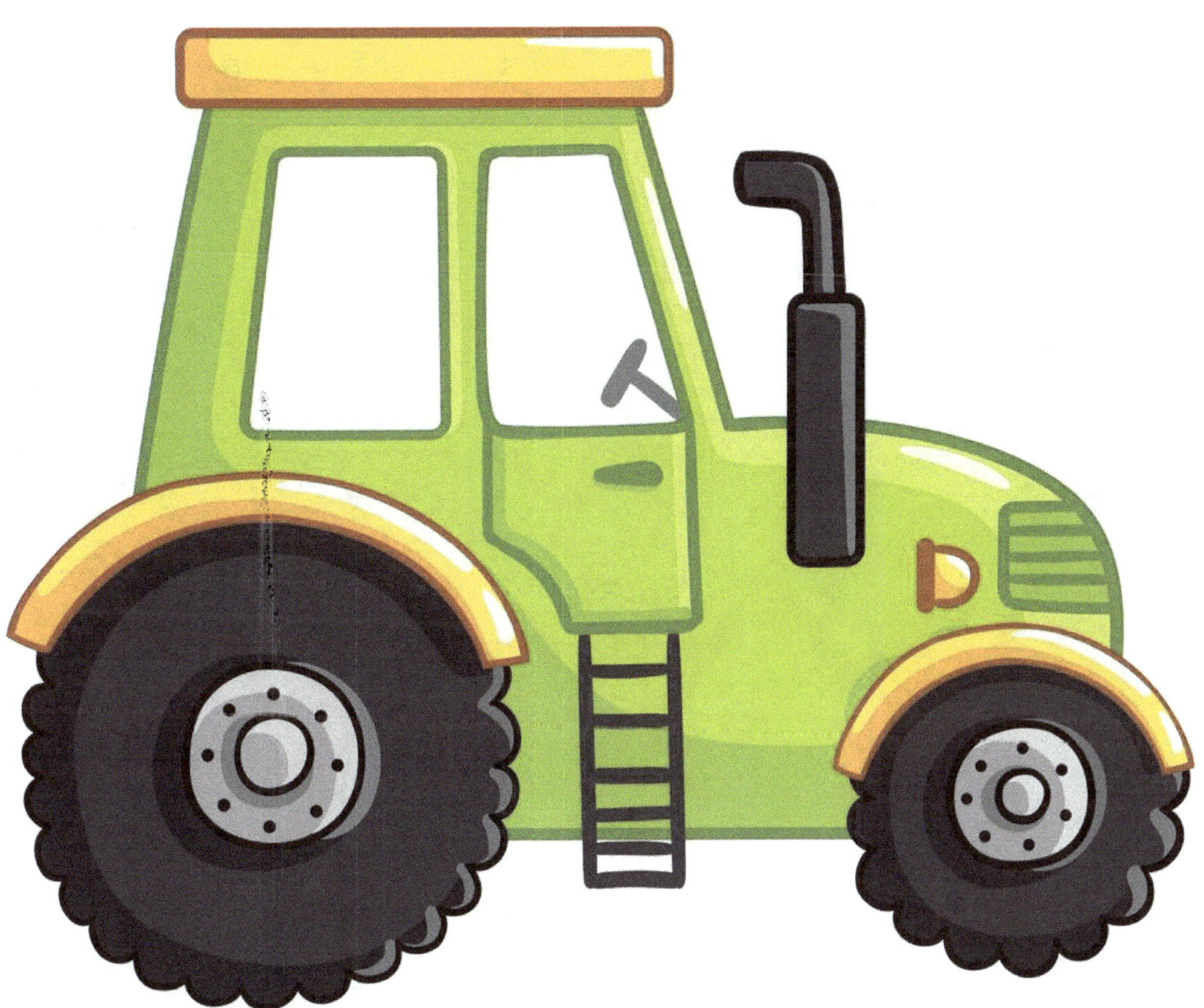

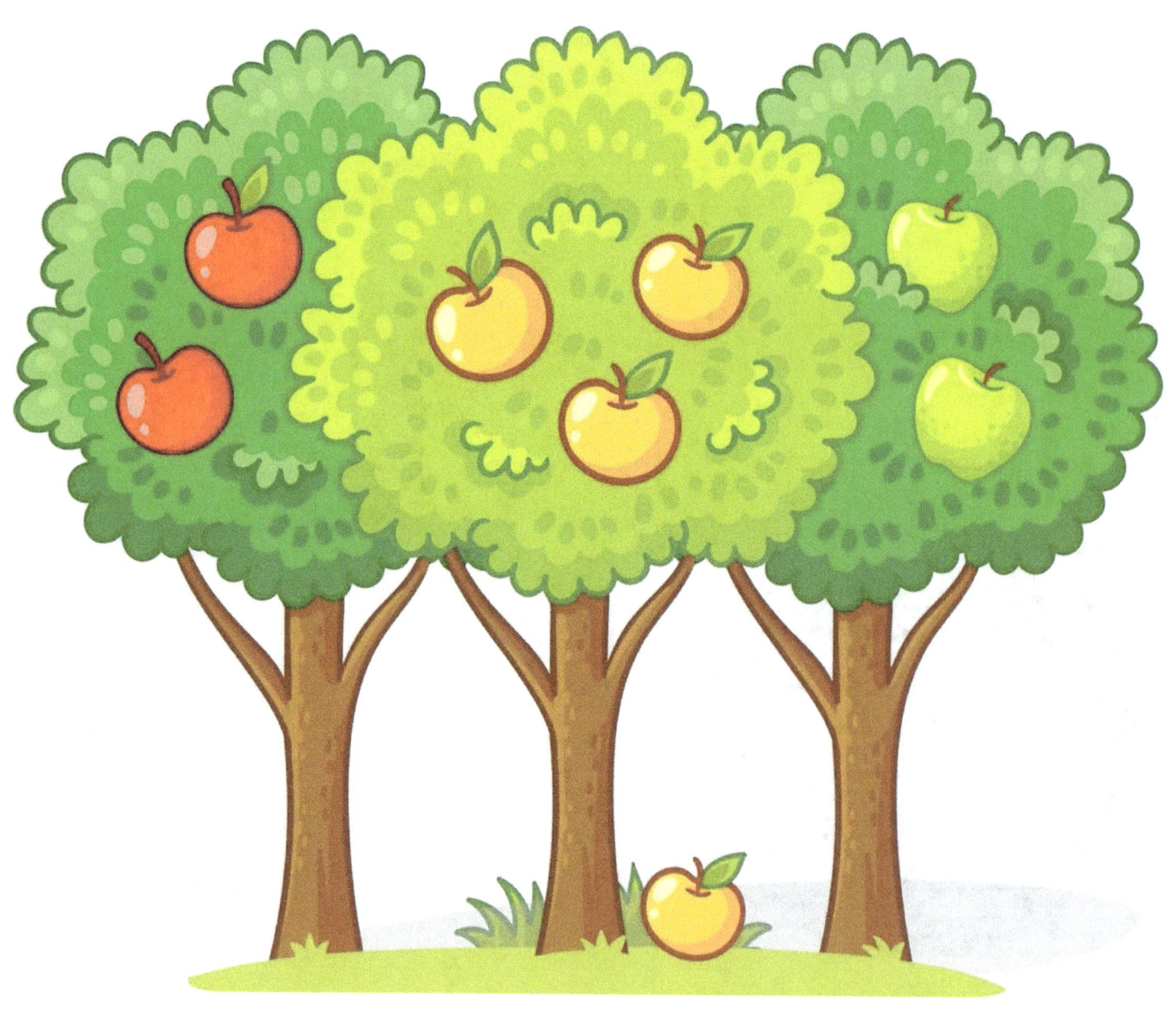

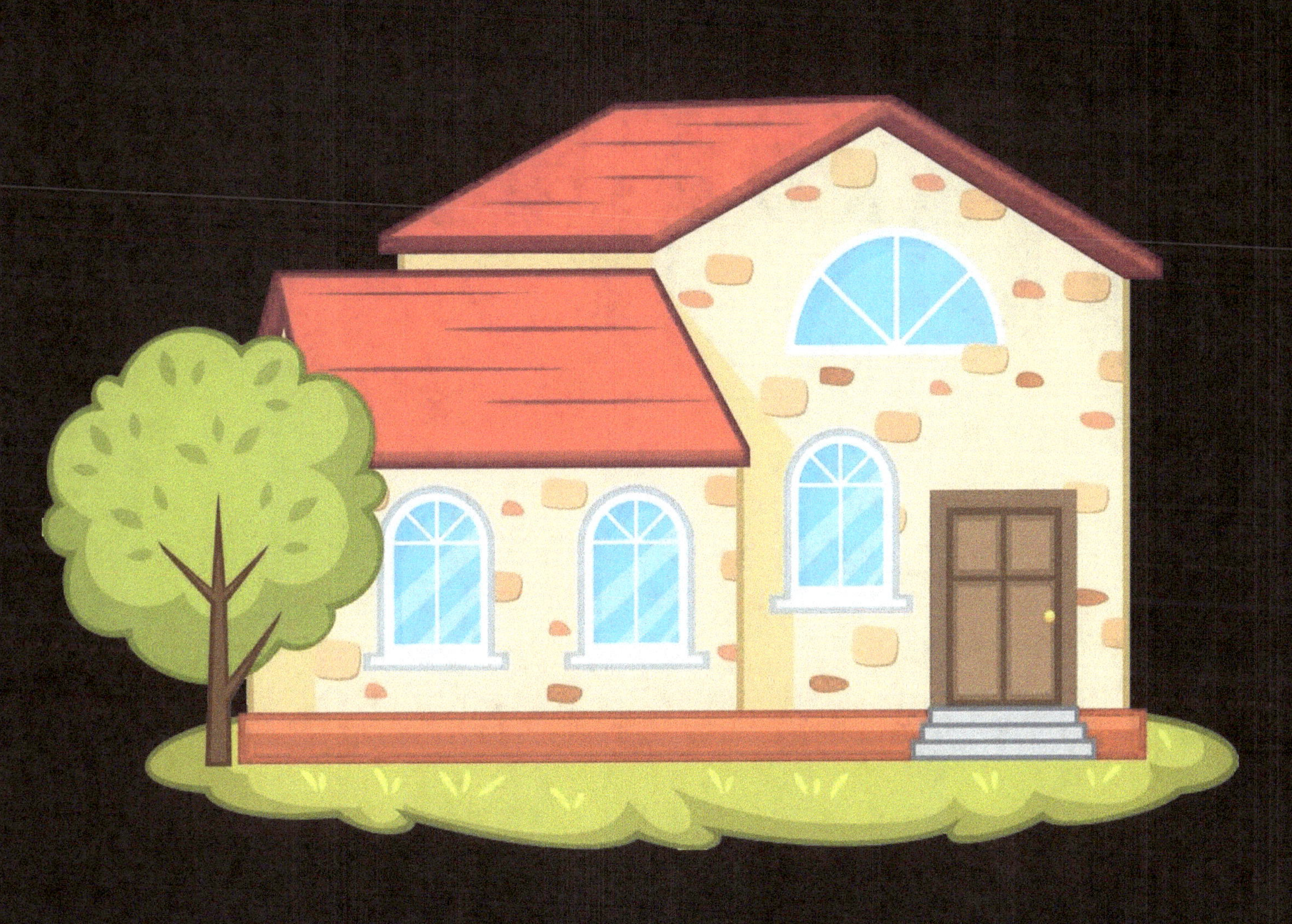

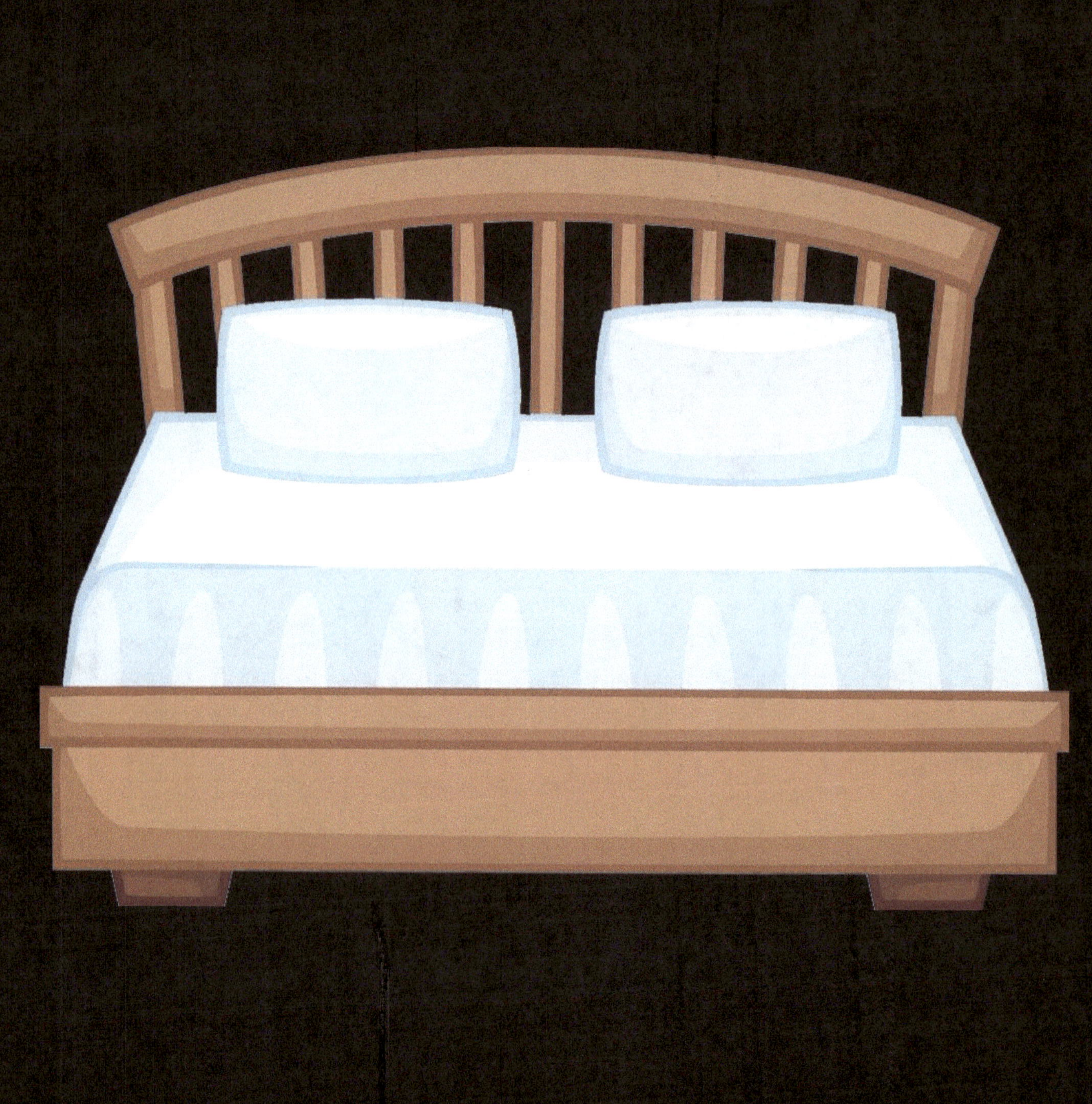

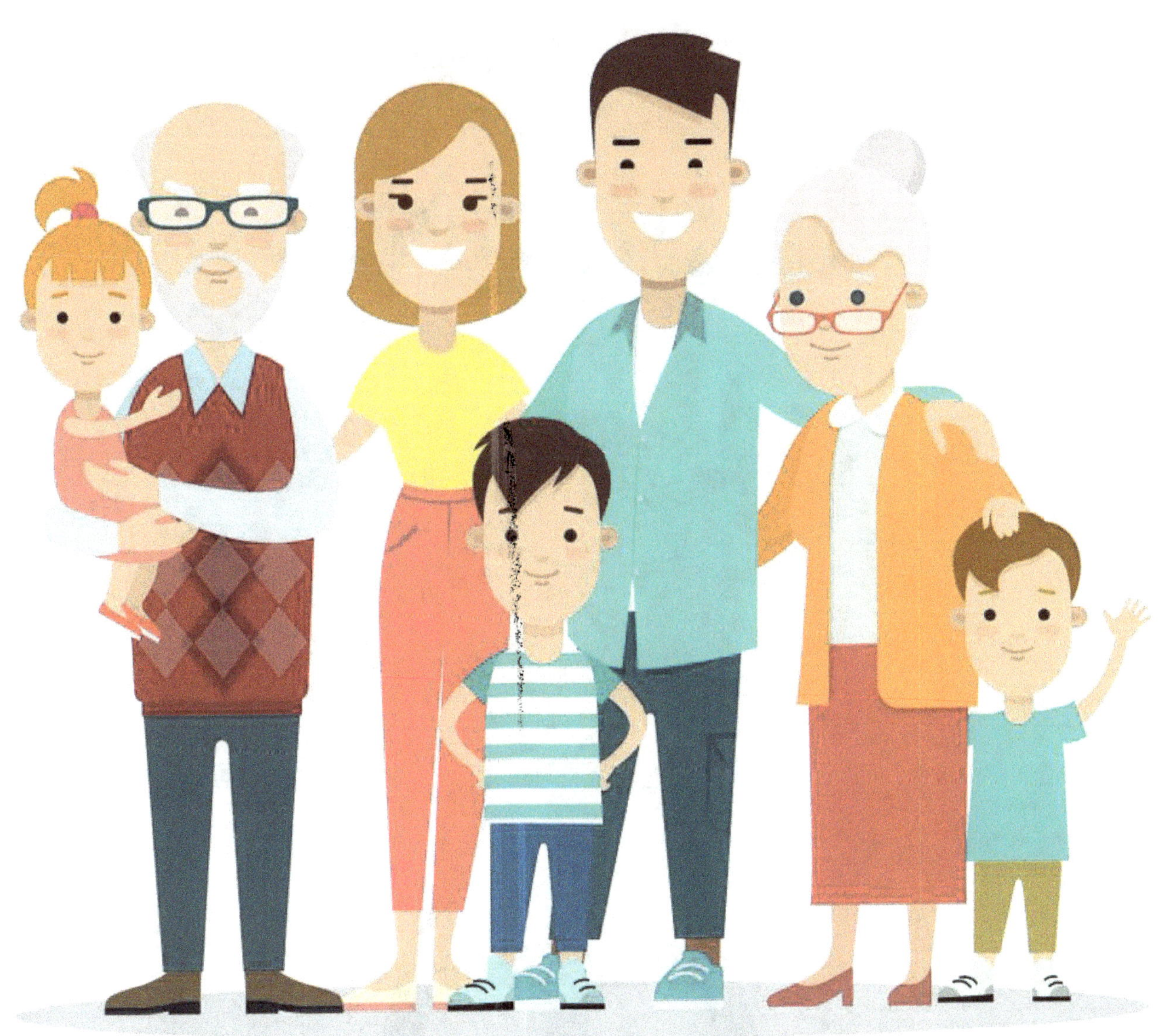

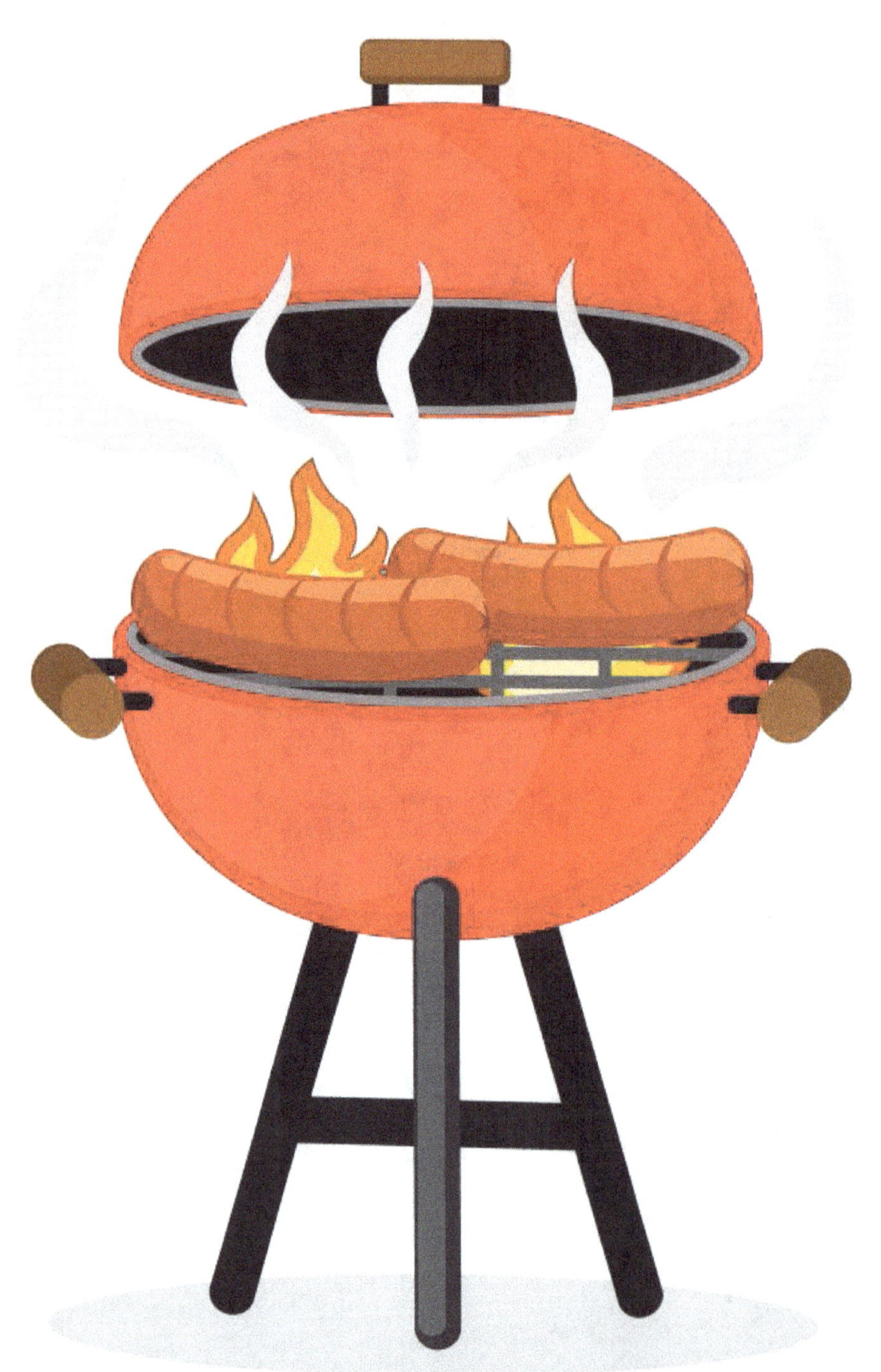

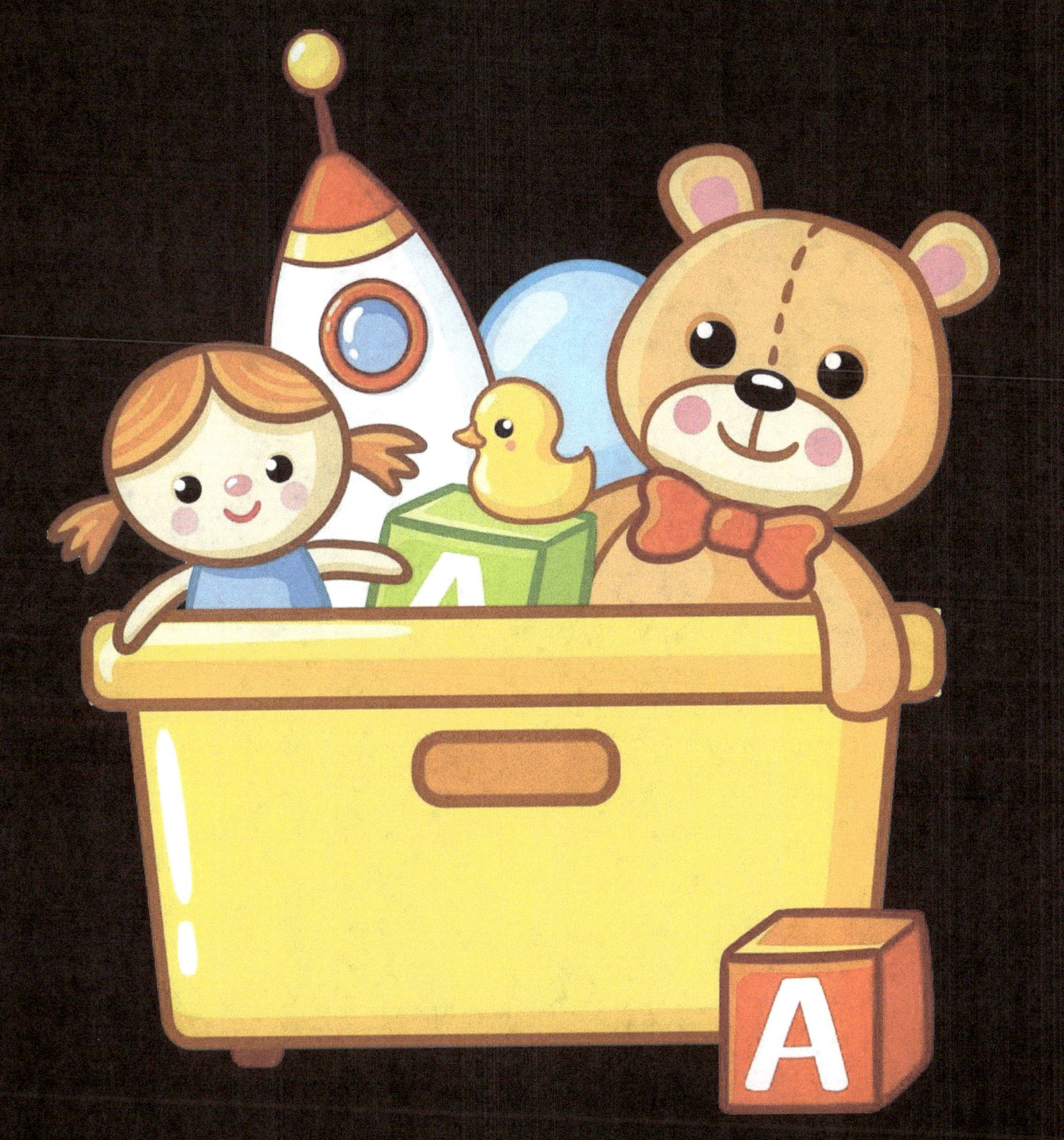
A
A

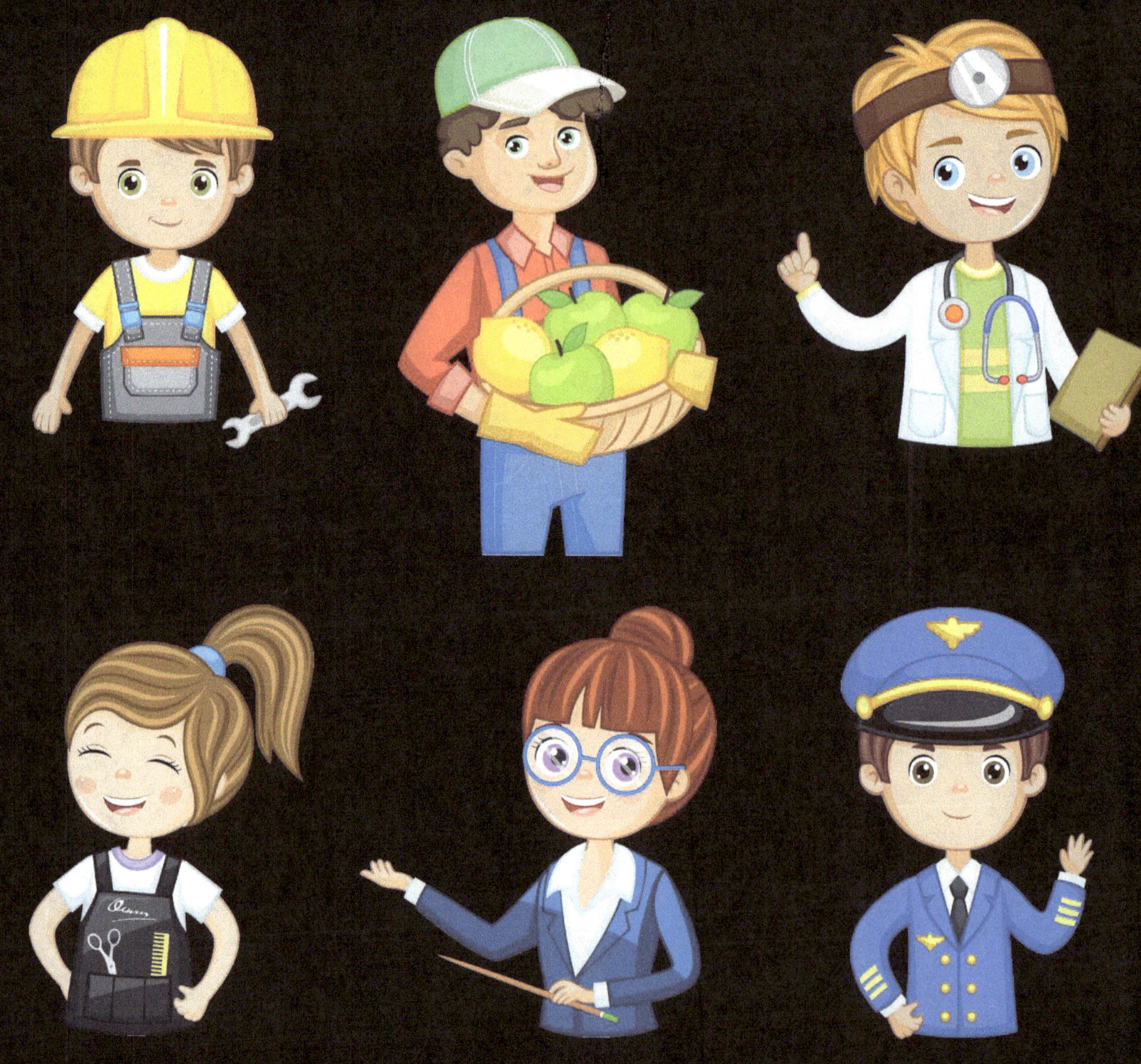

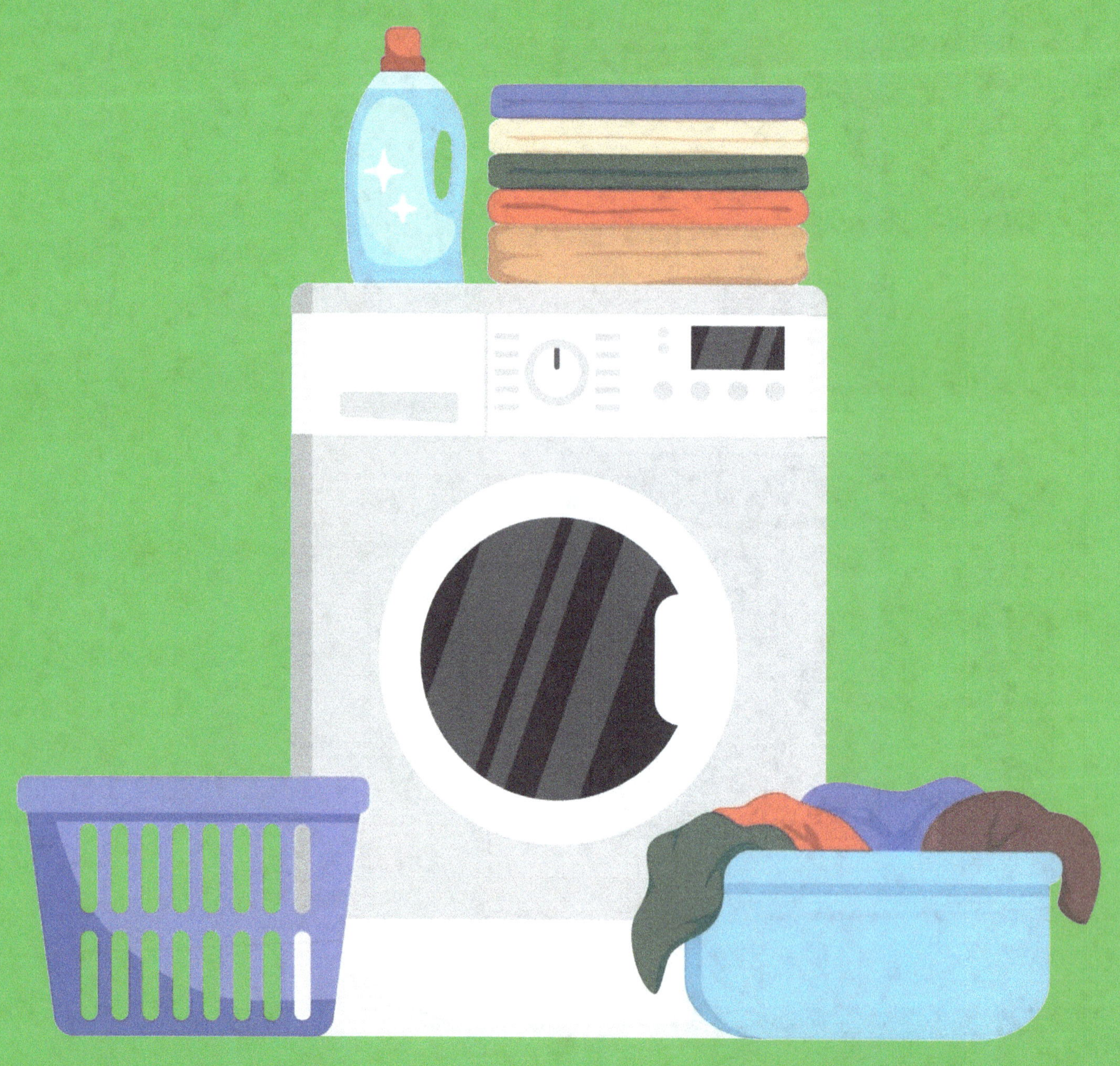

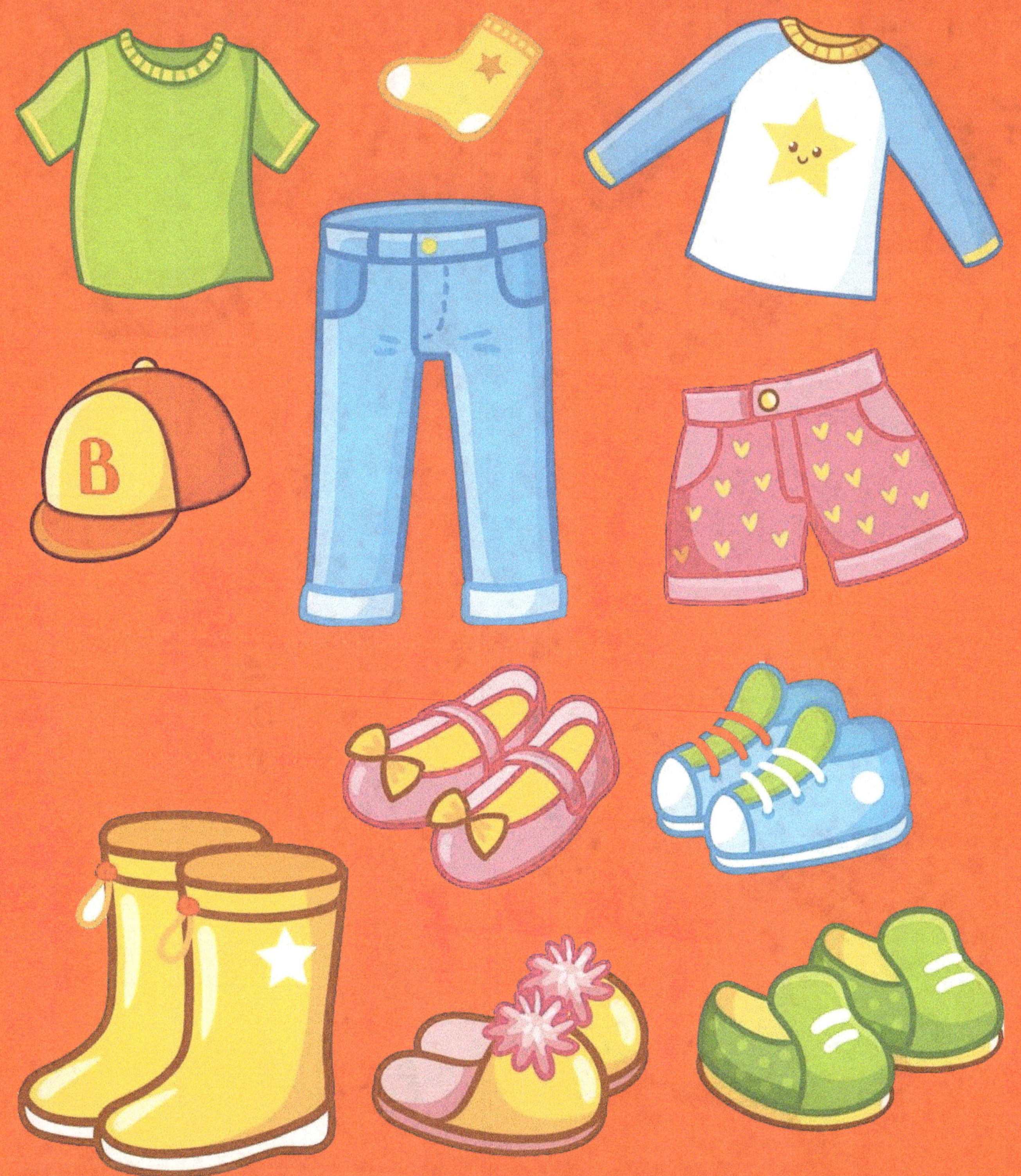

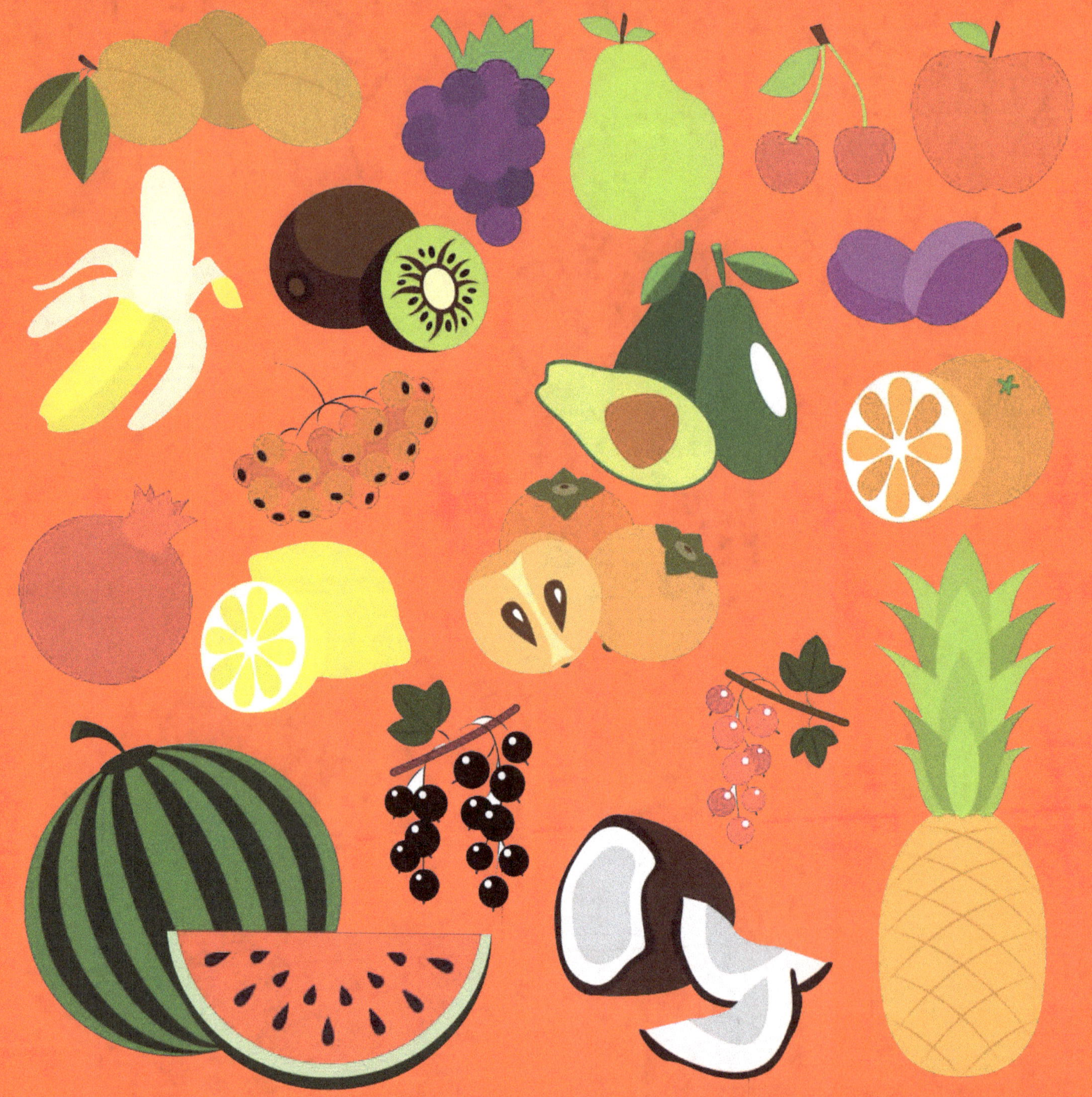

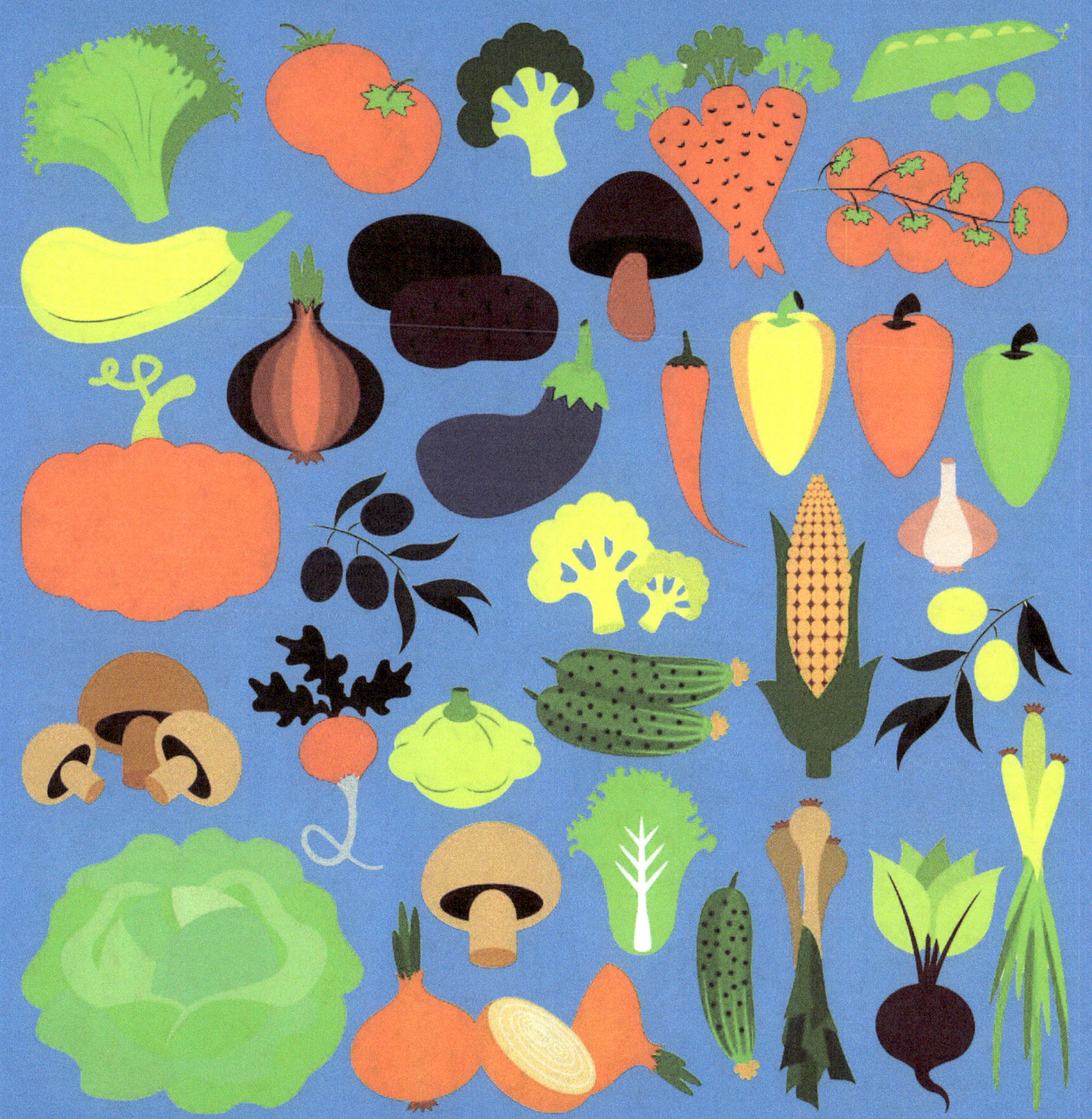

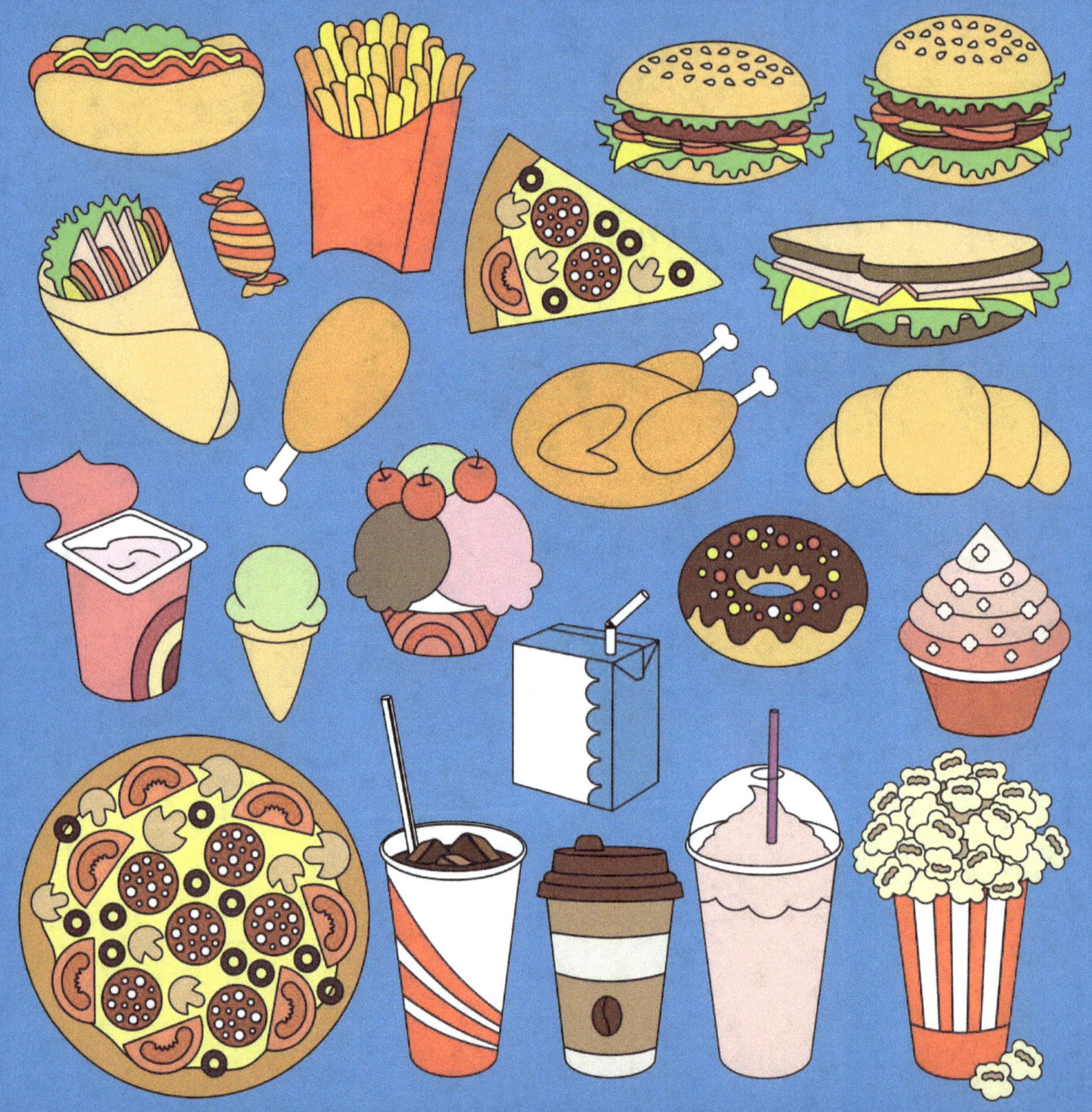

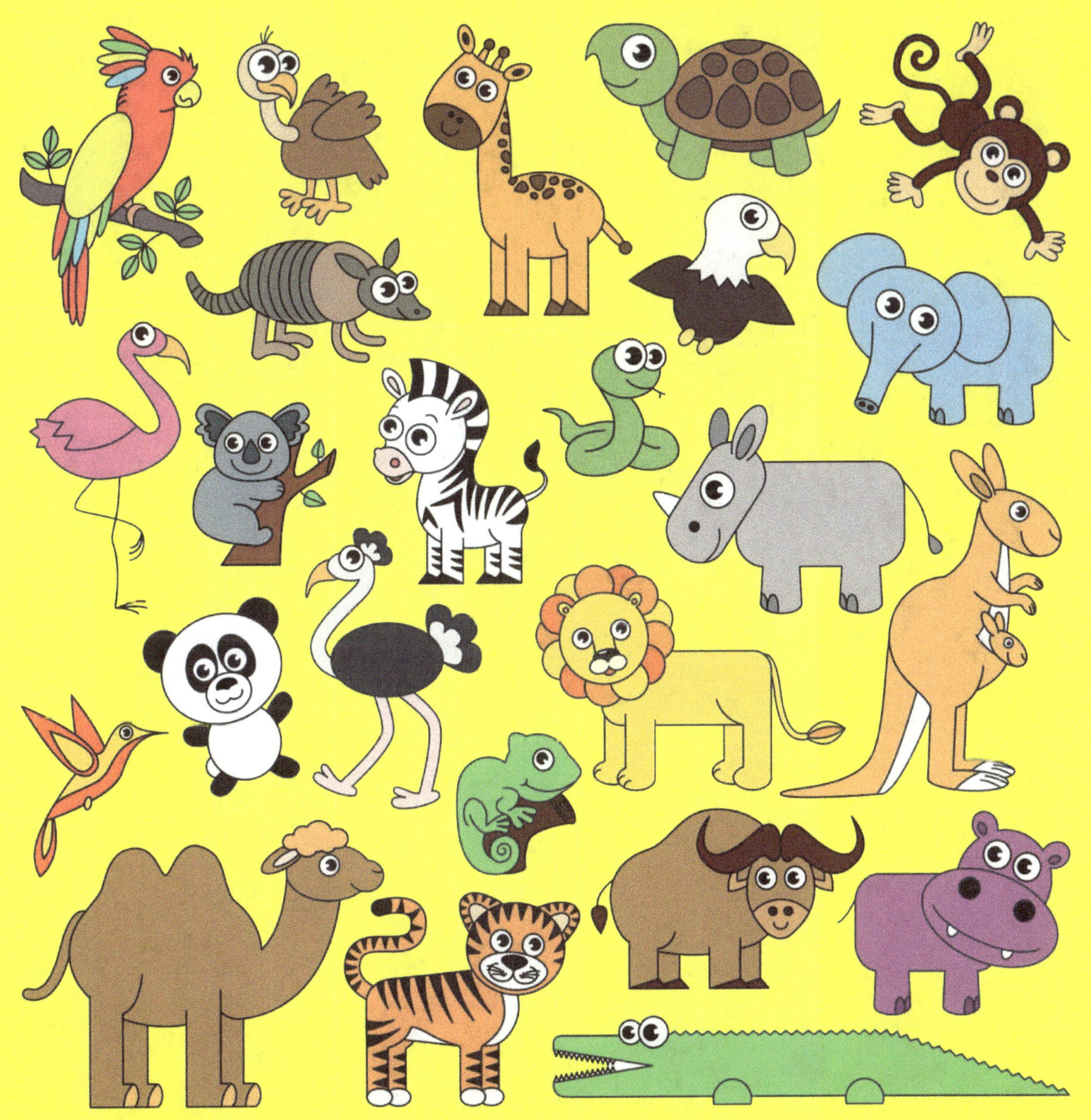

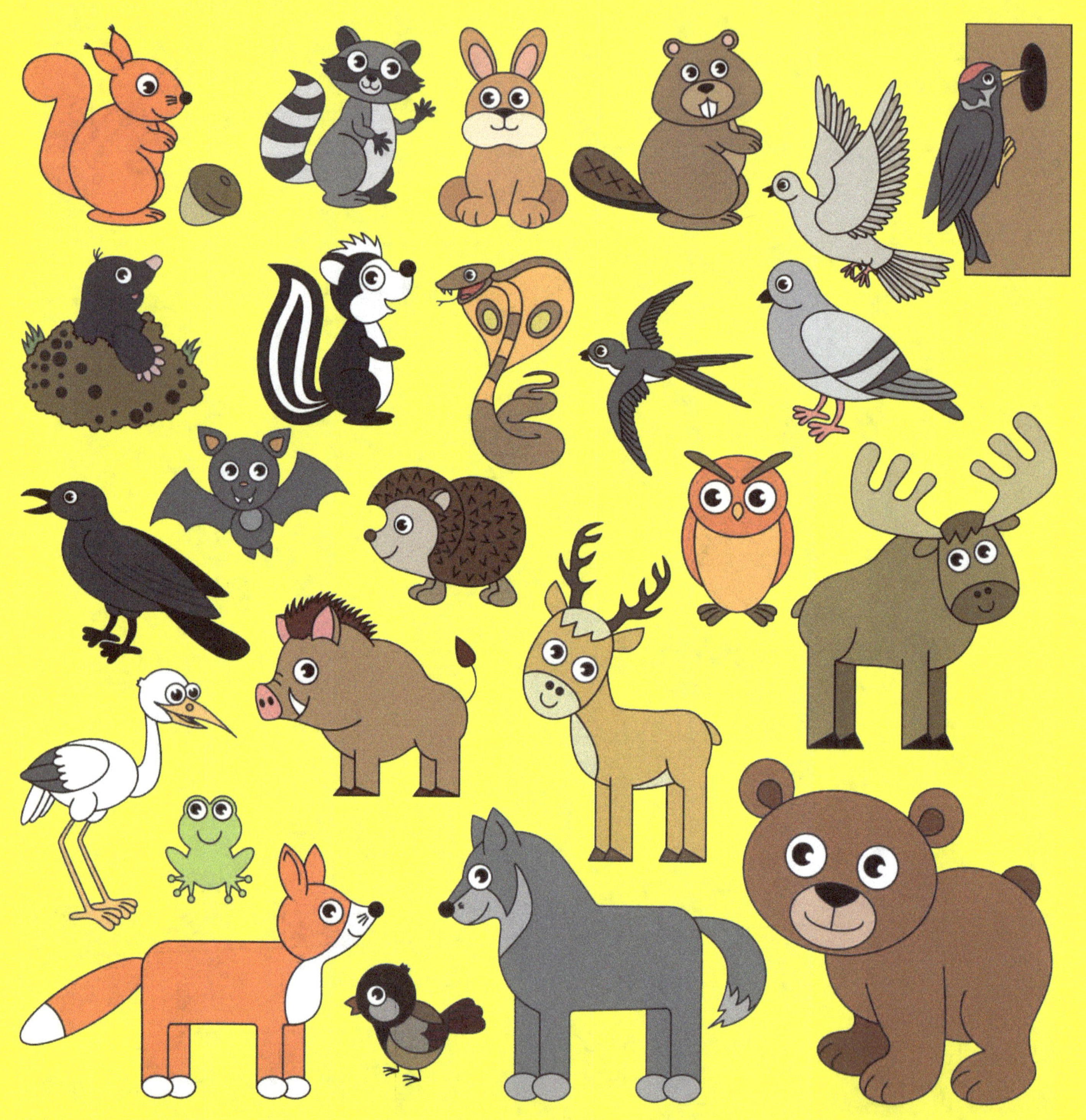

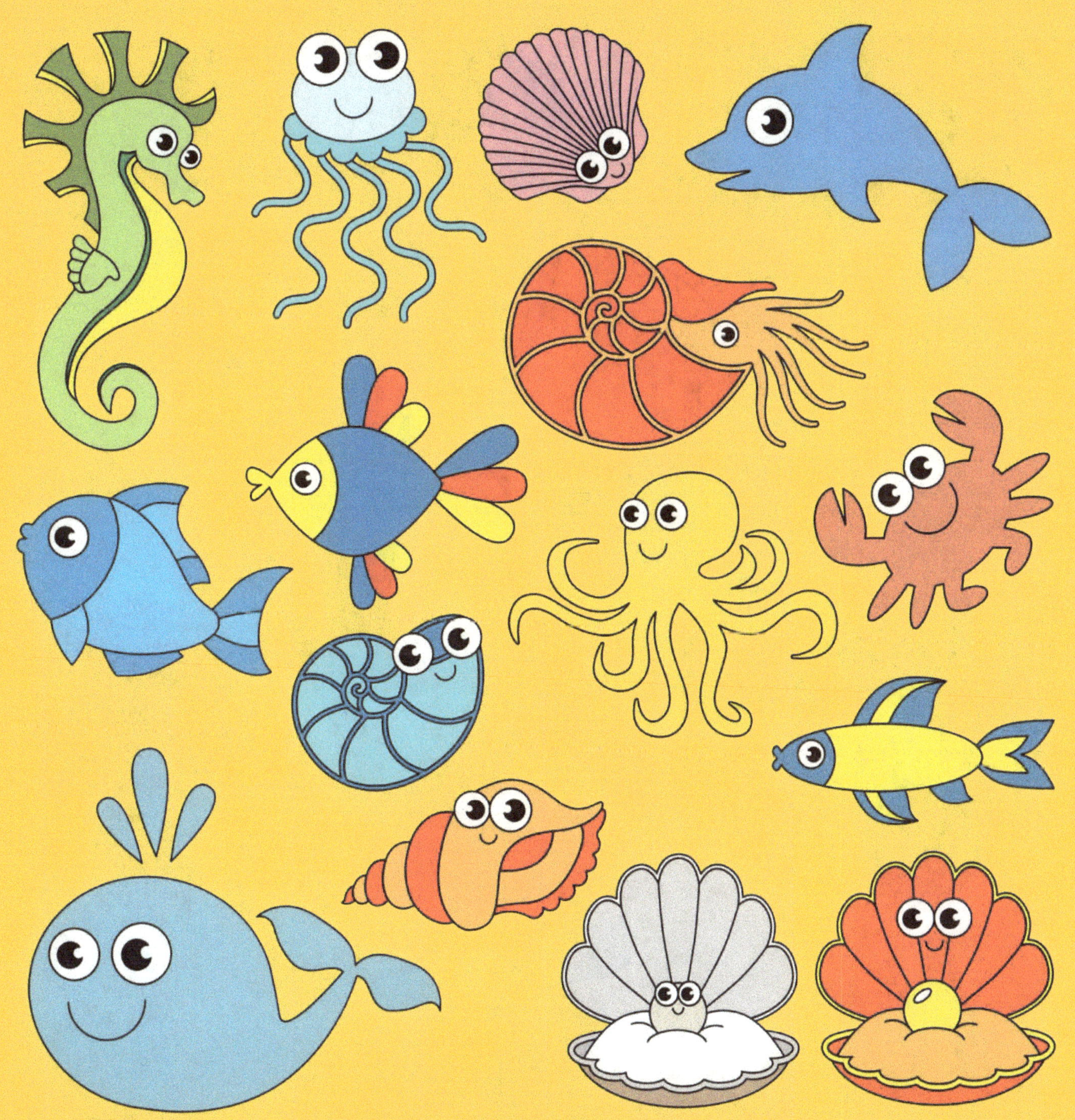

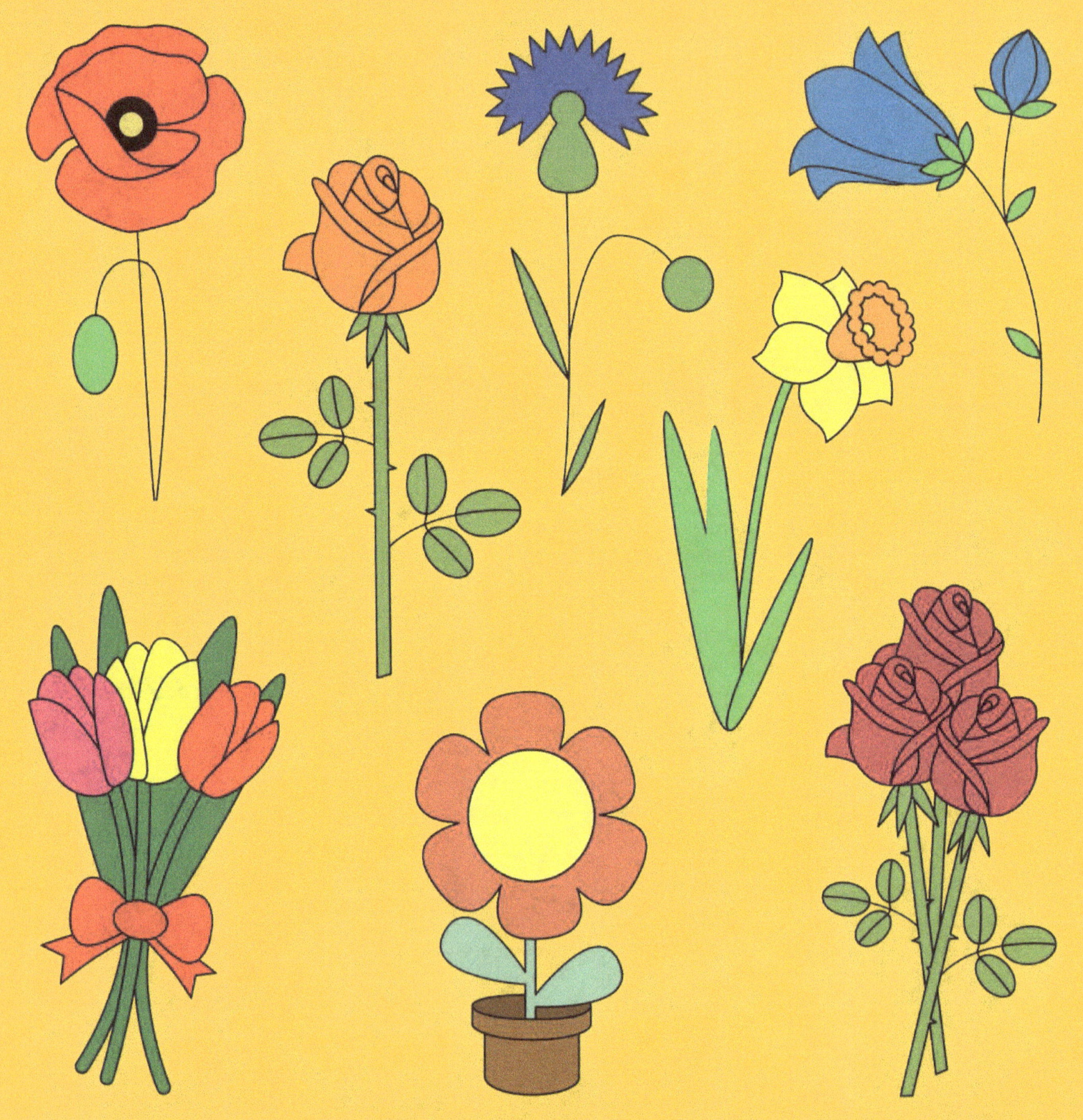

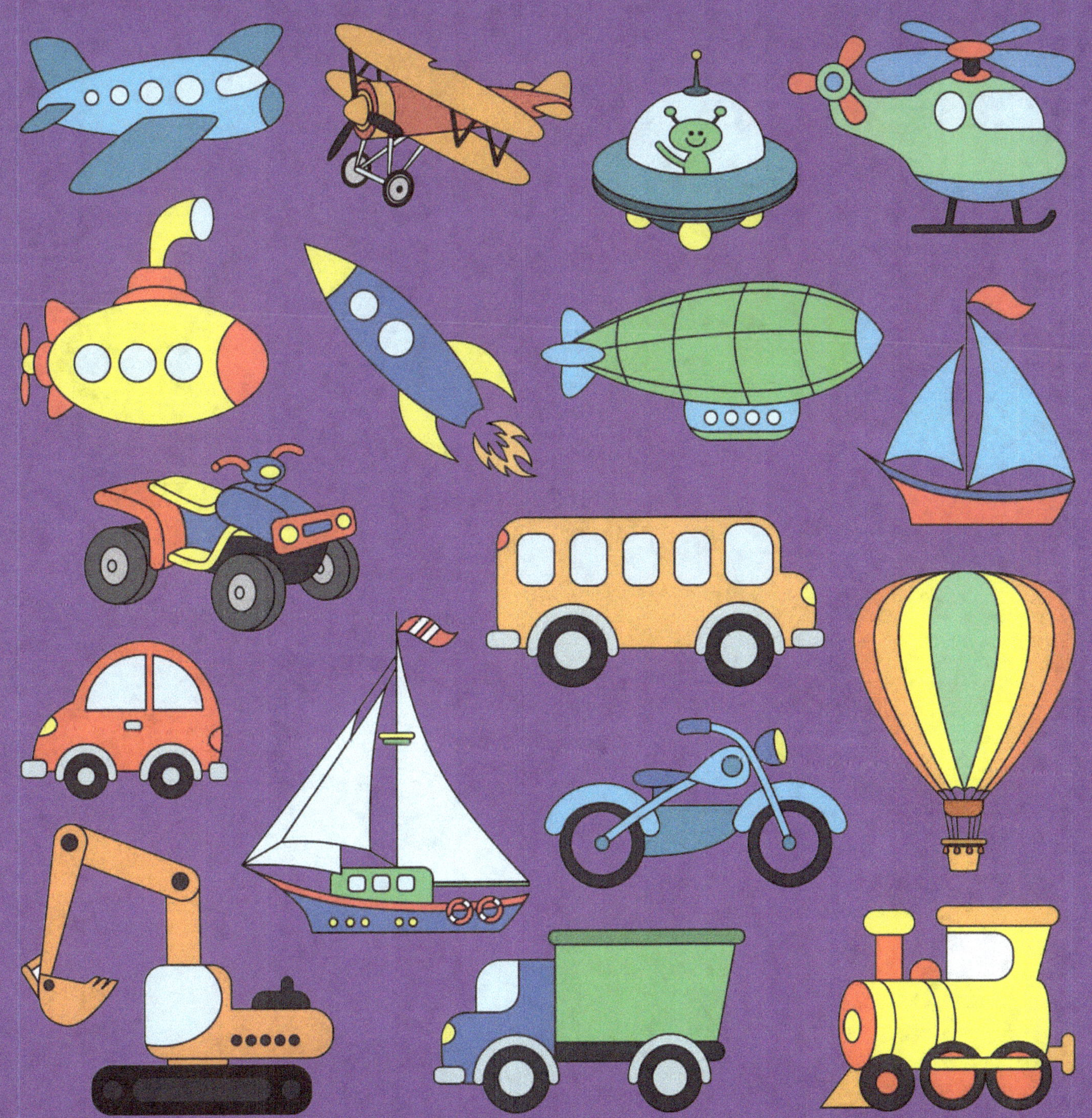

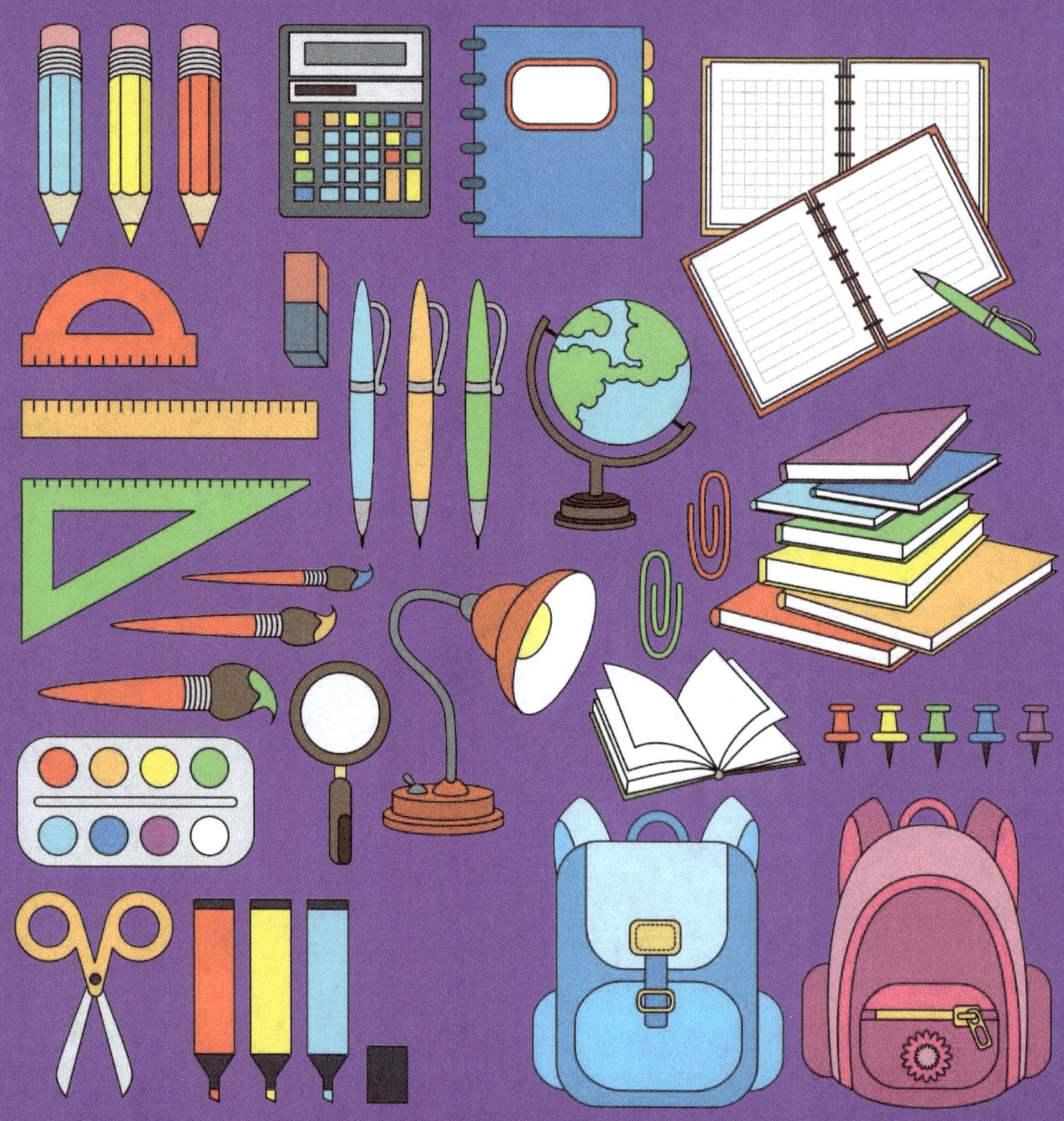

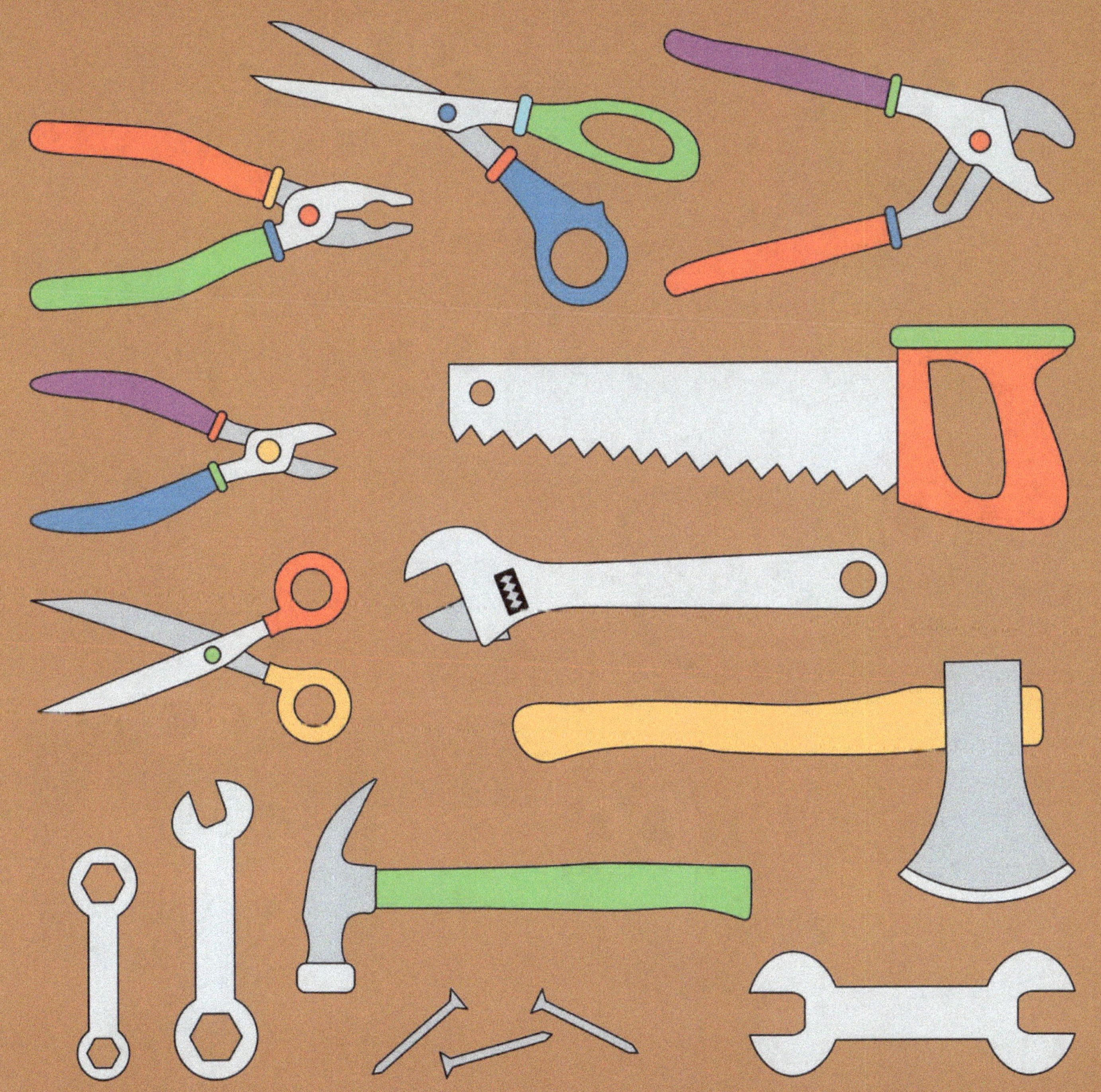

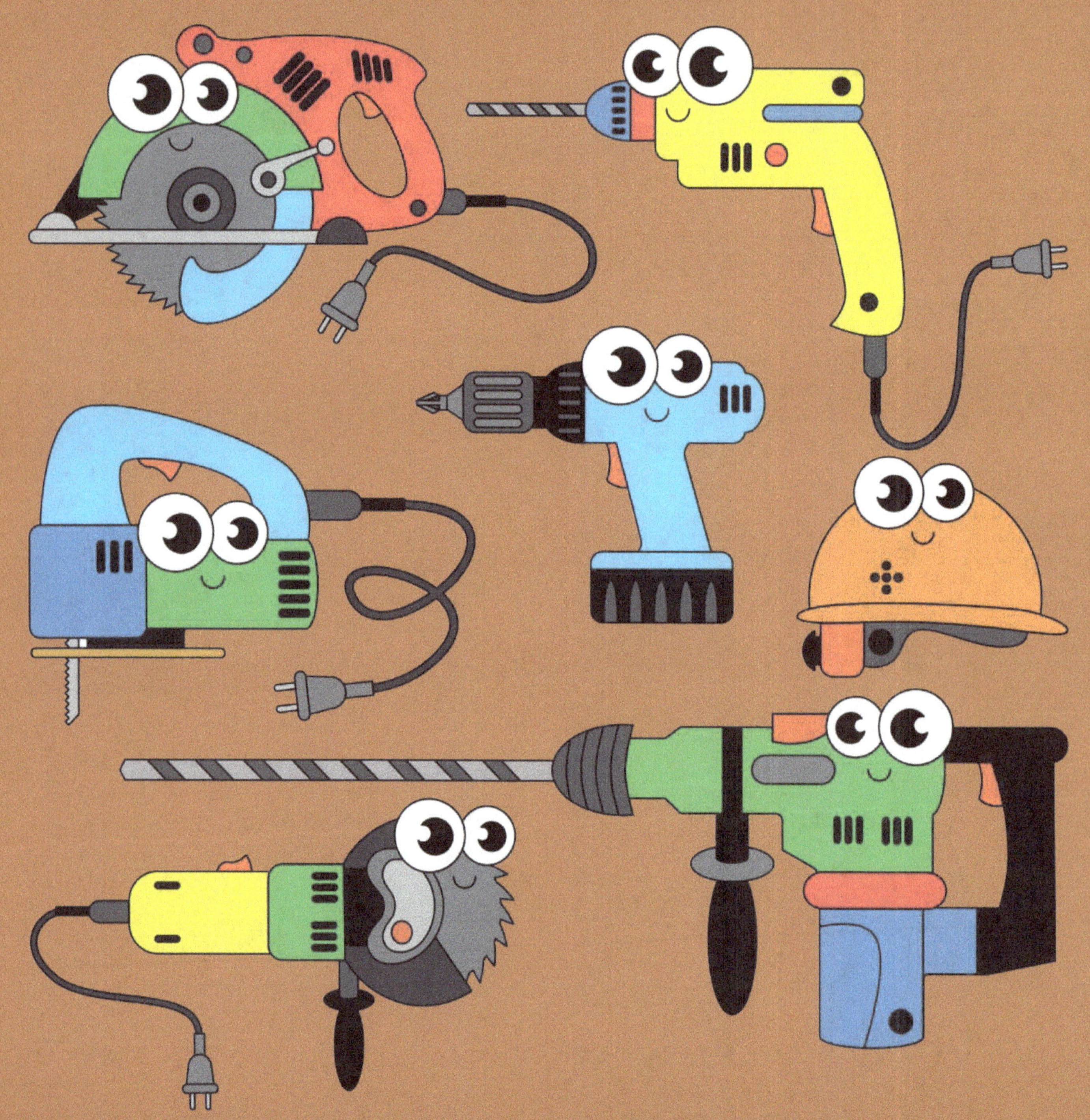

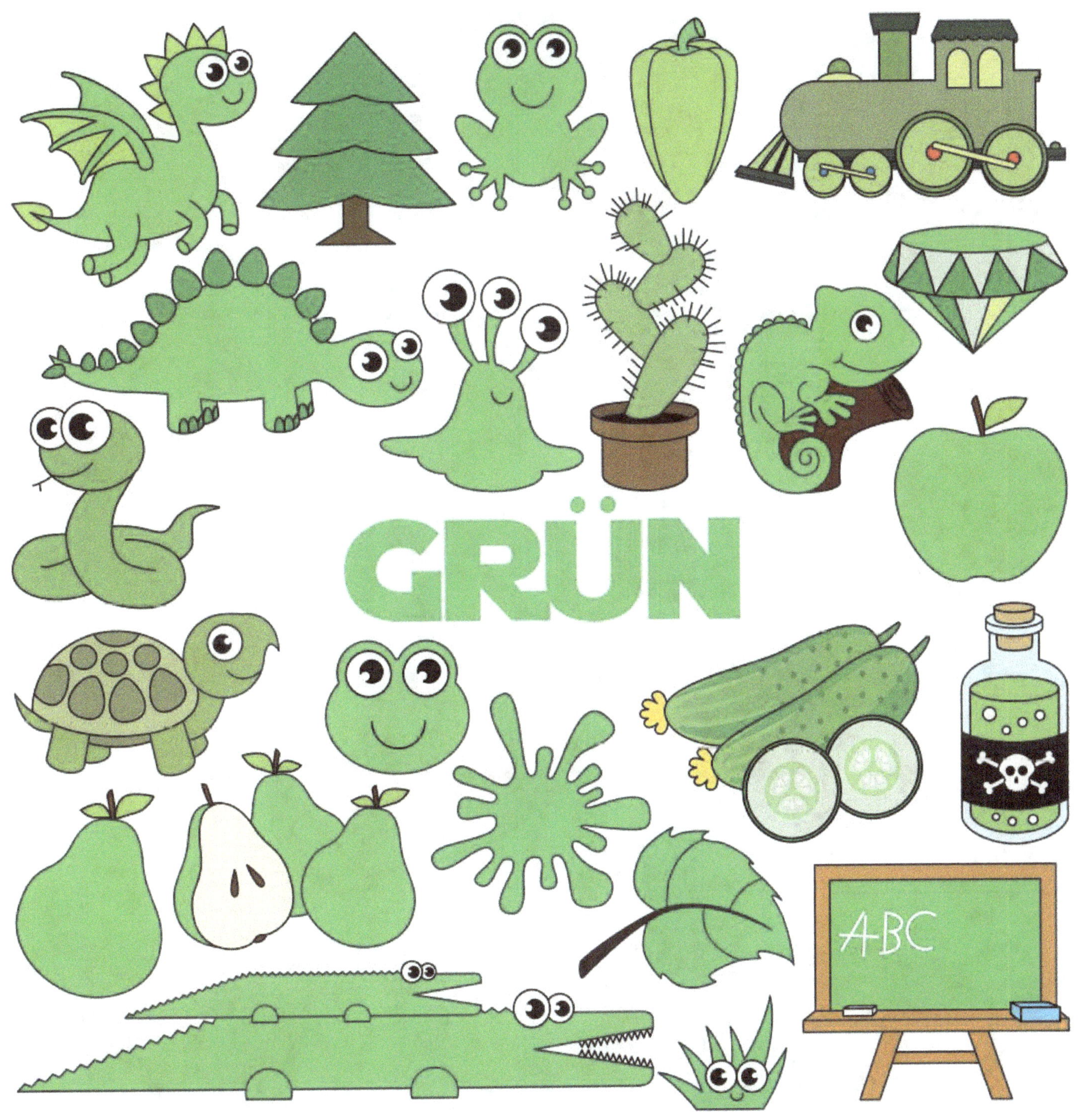
GRÜN

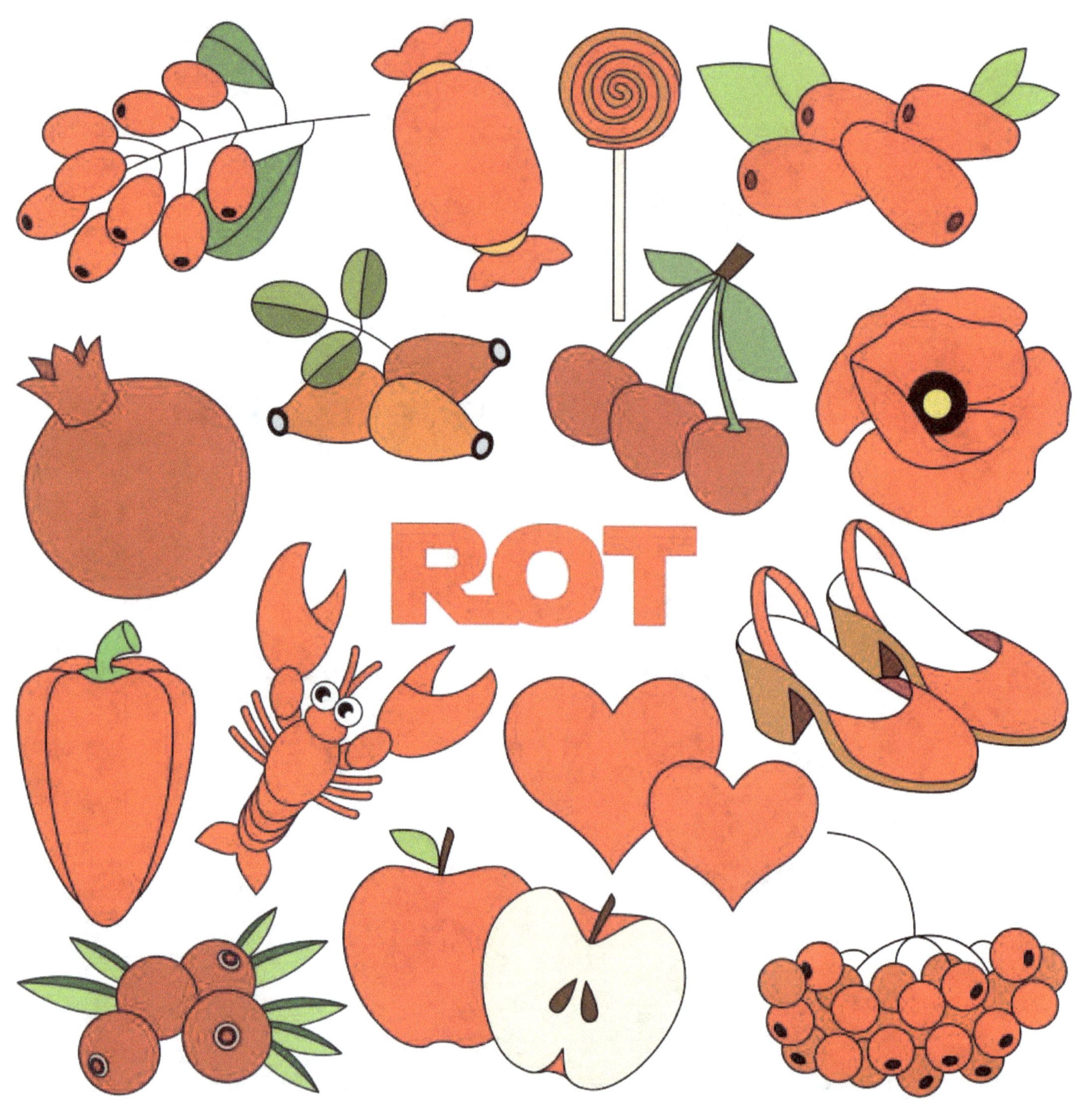
ROT

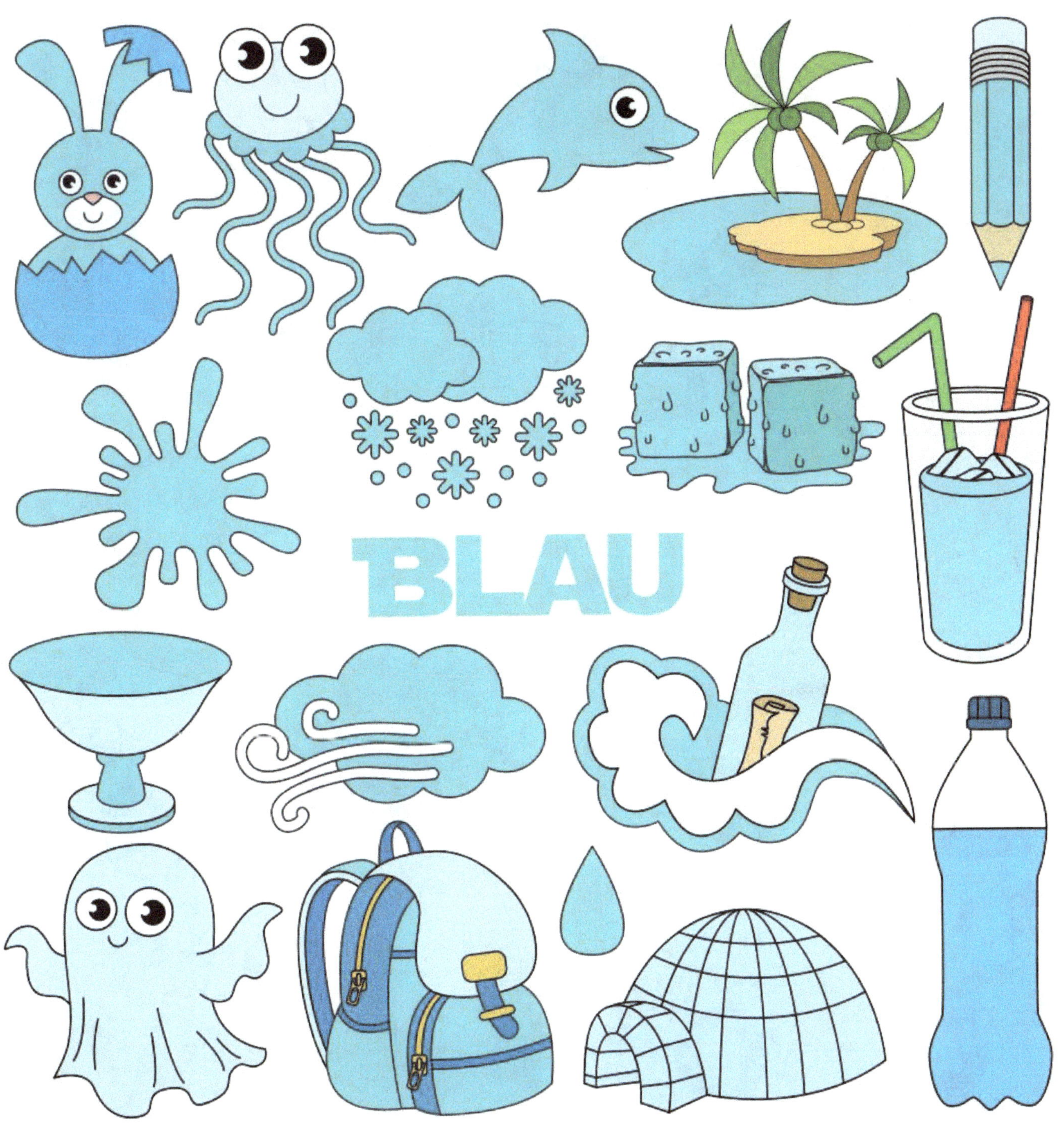
BLAU

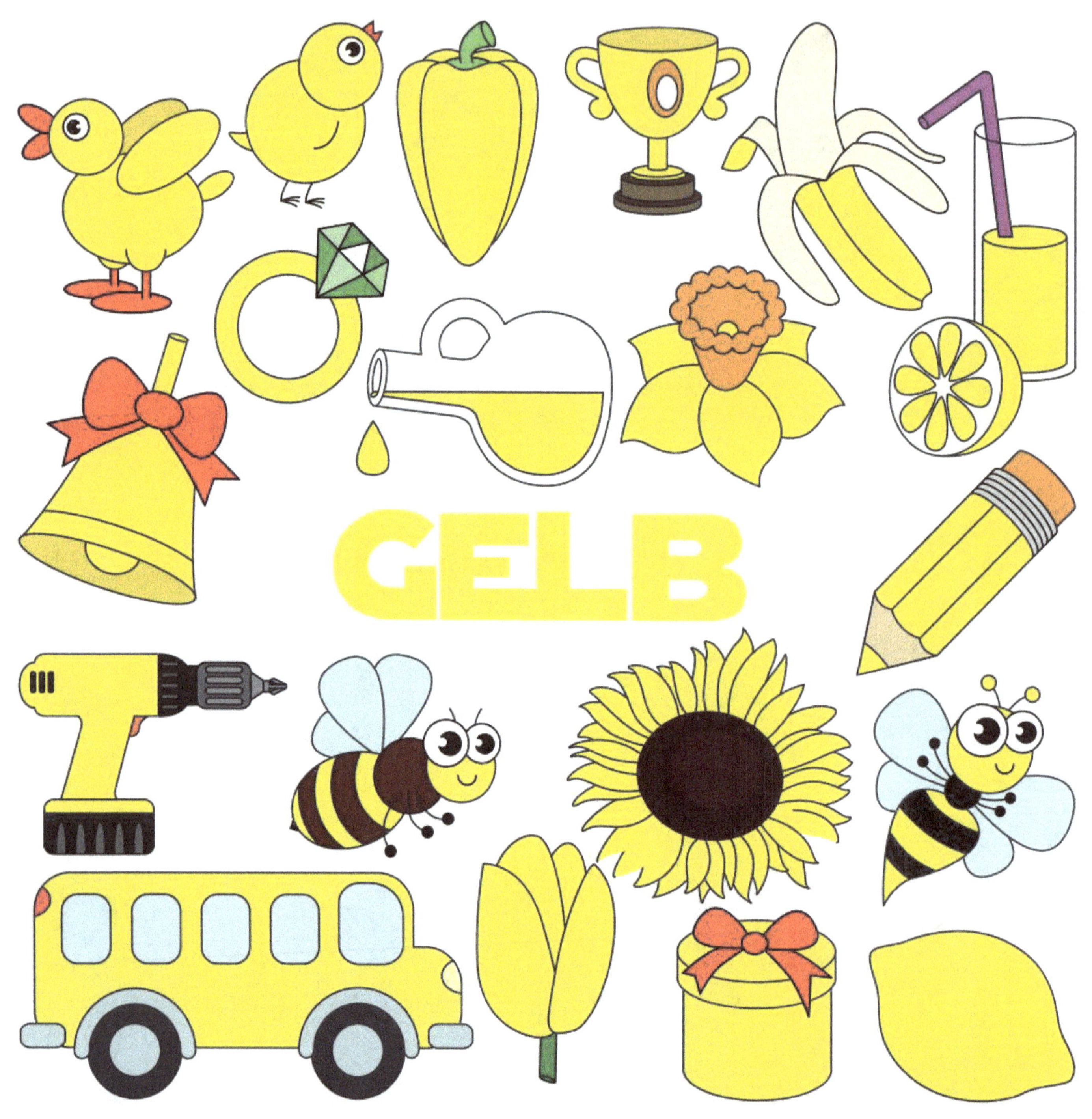

GELB

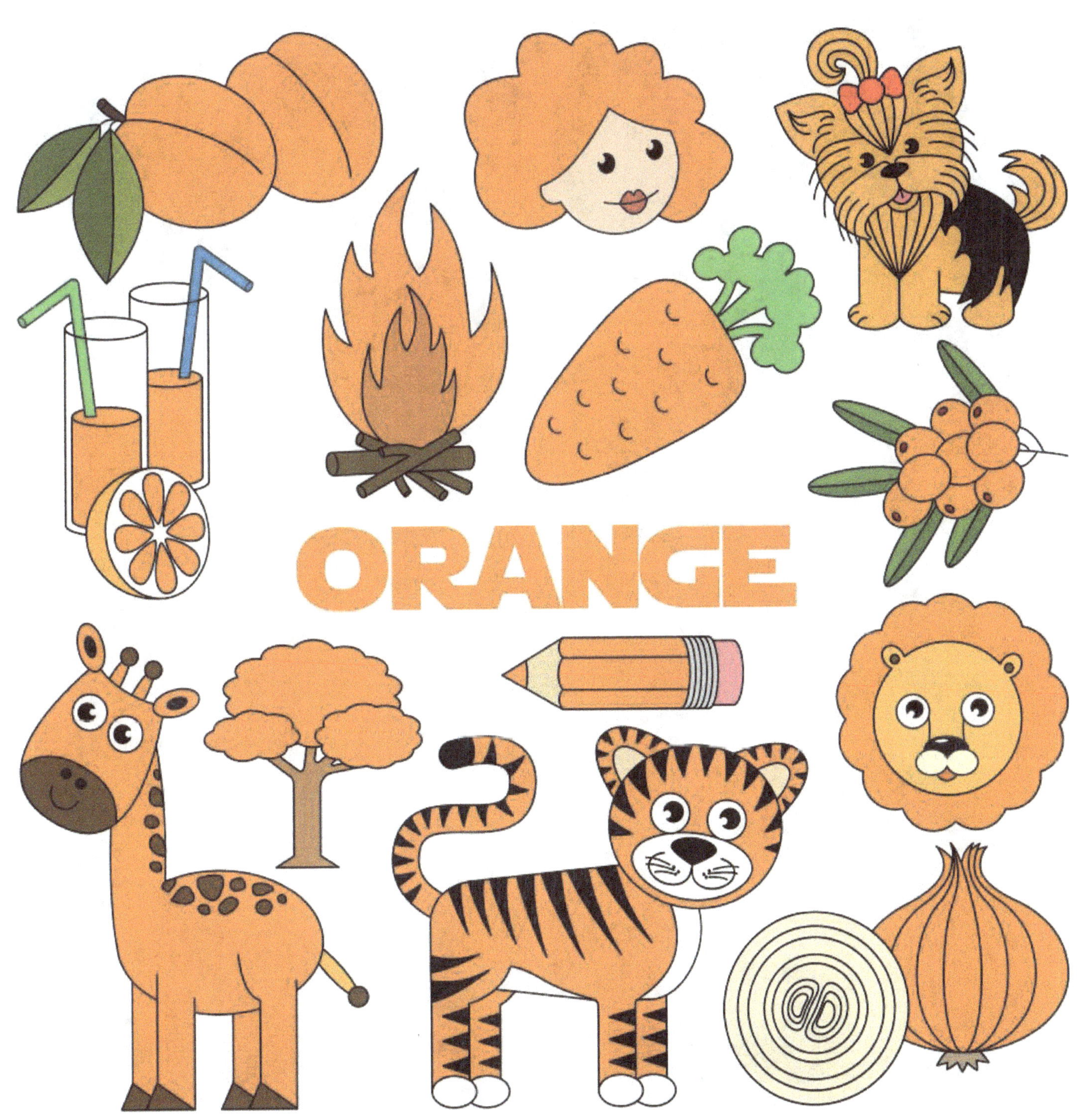
ORANGE

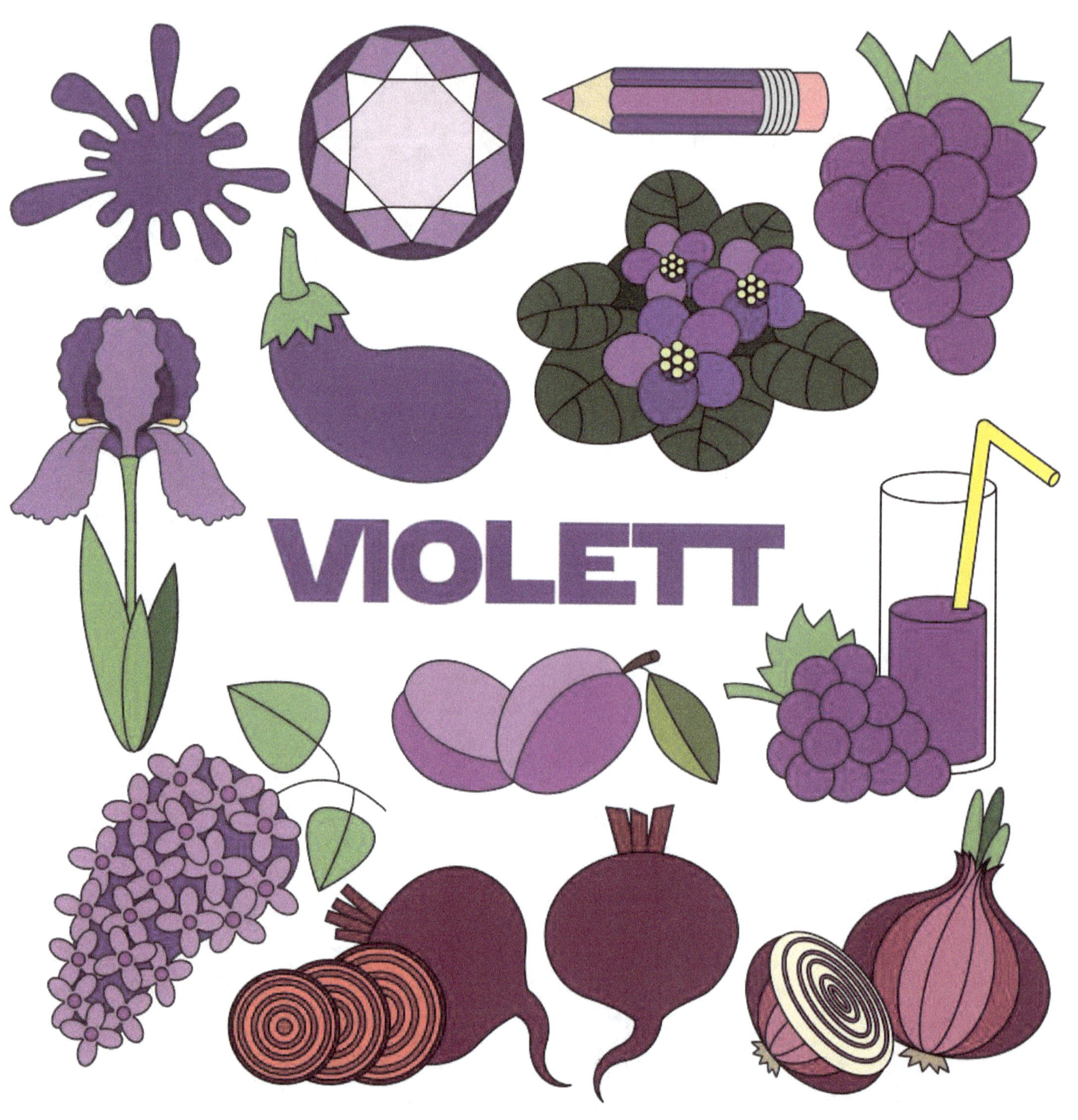

VIOLETT

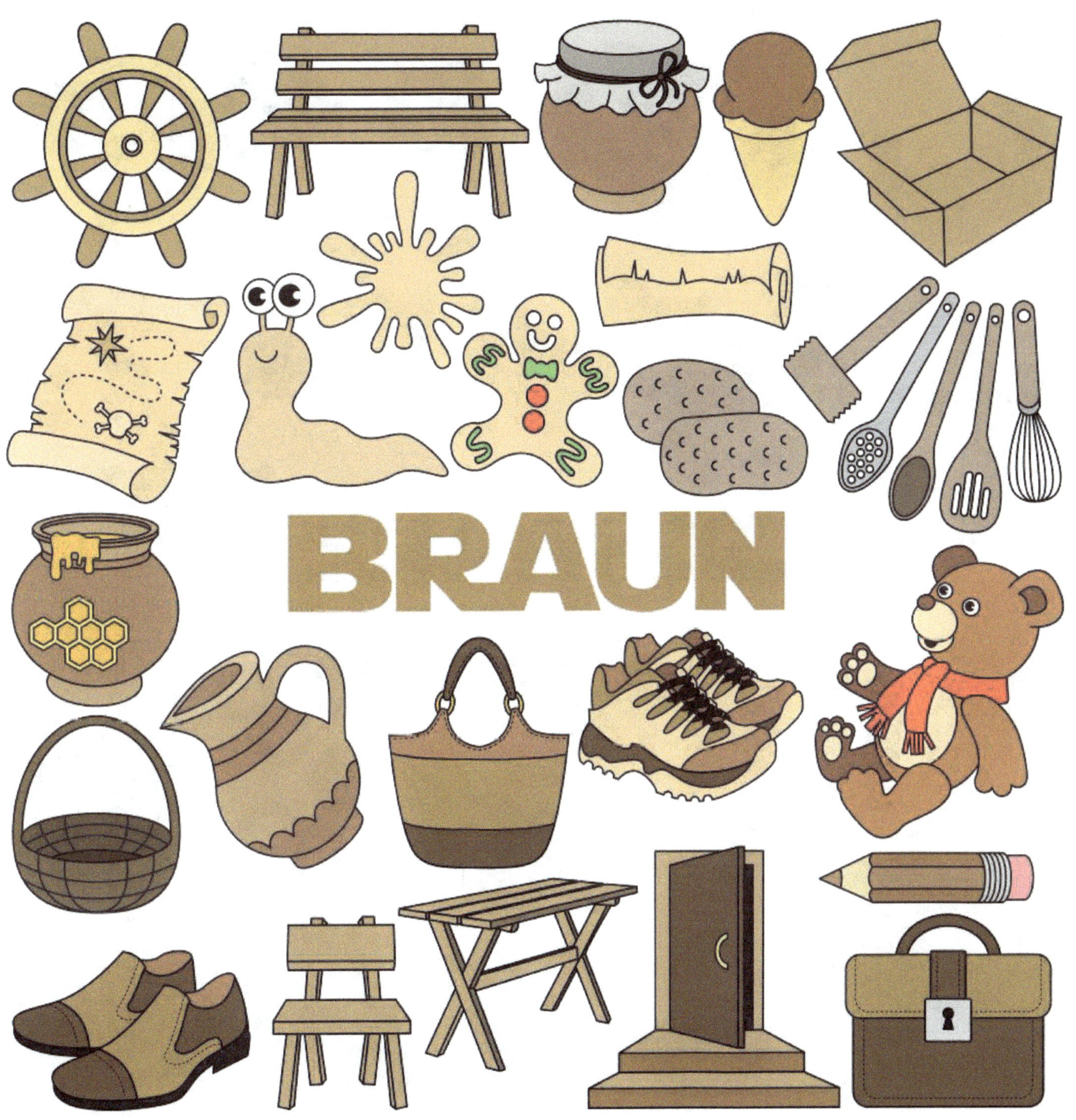
BRAUN

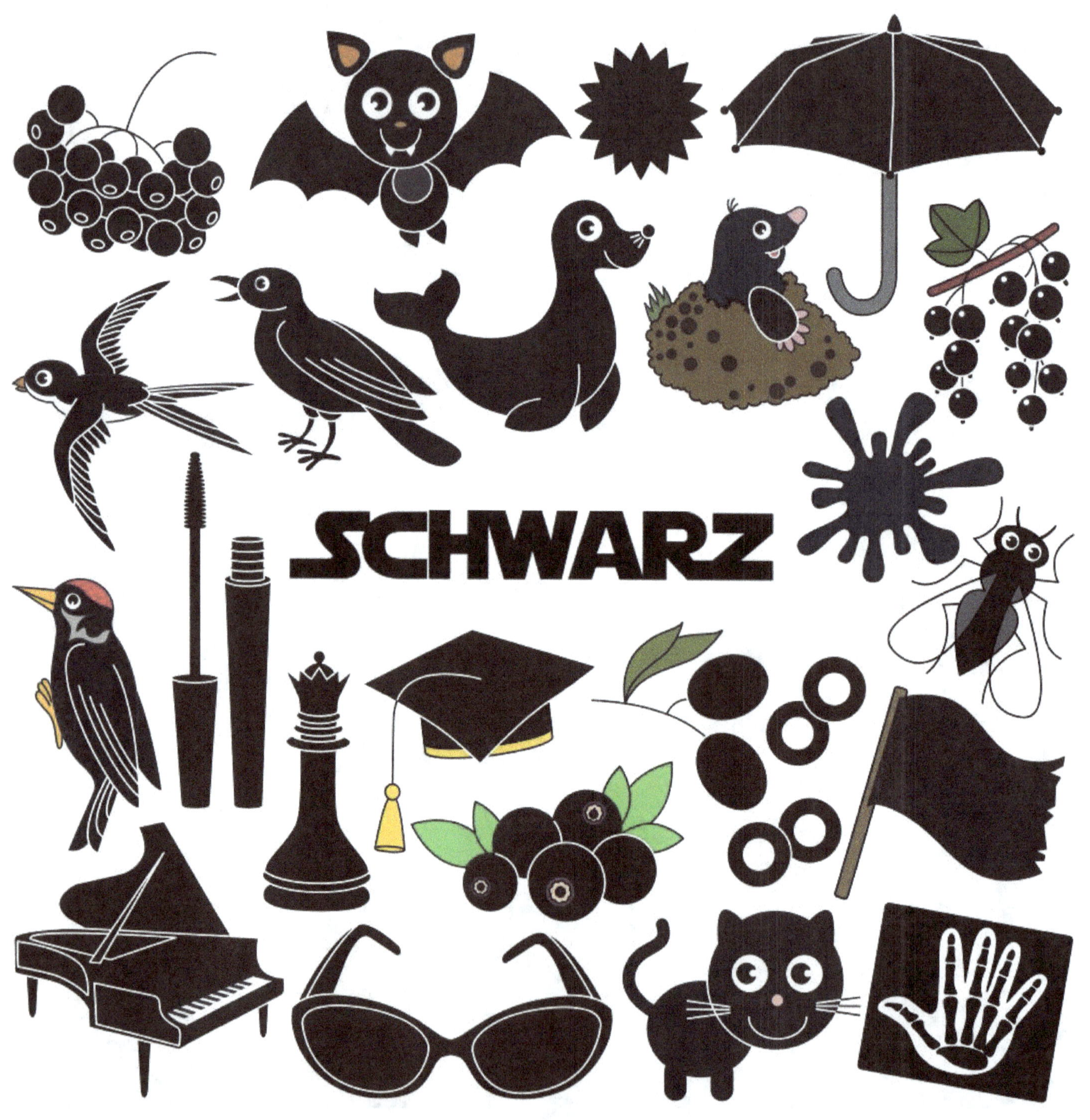
SCHWARZ

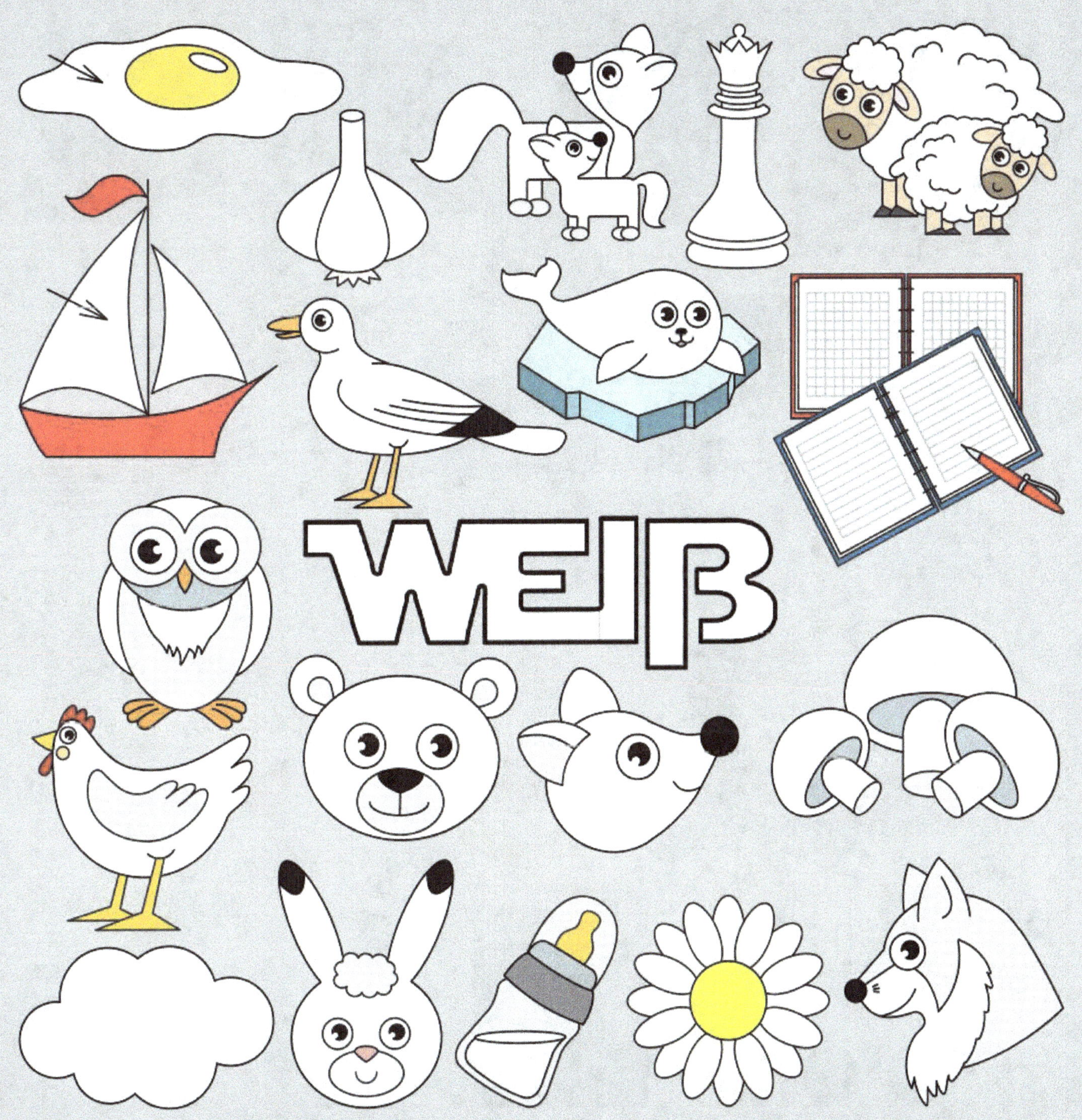
WEIß

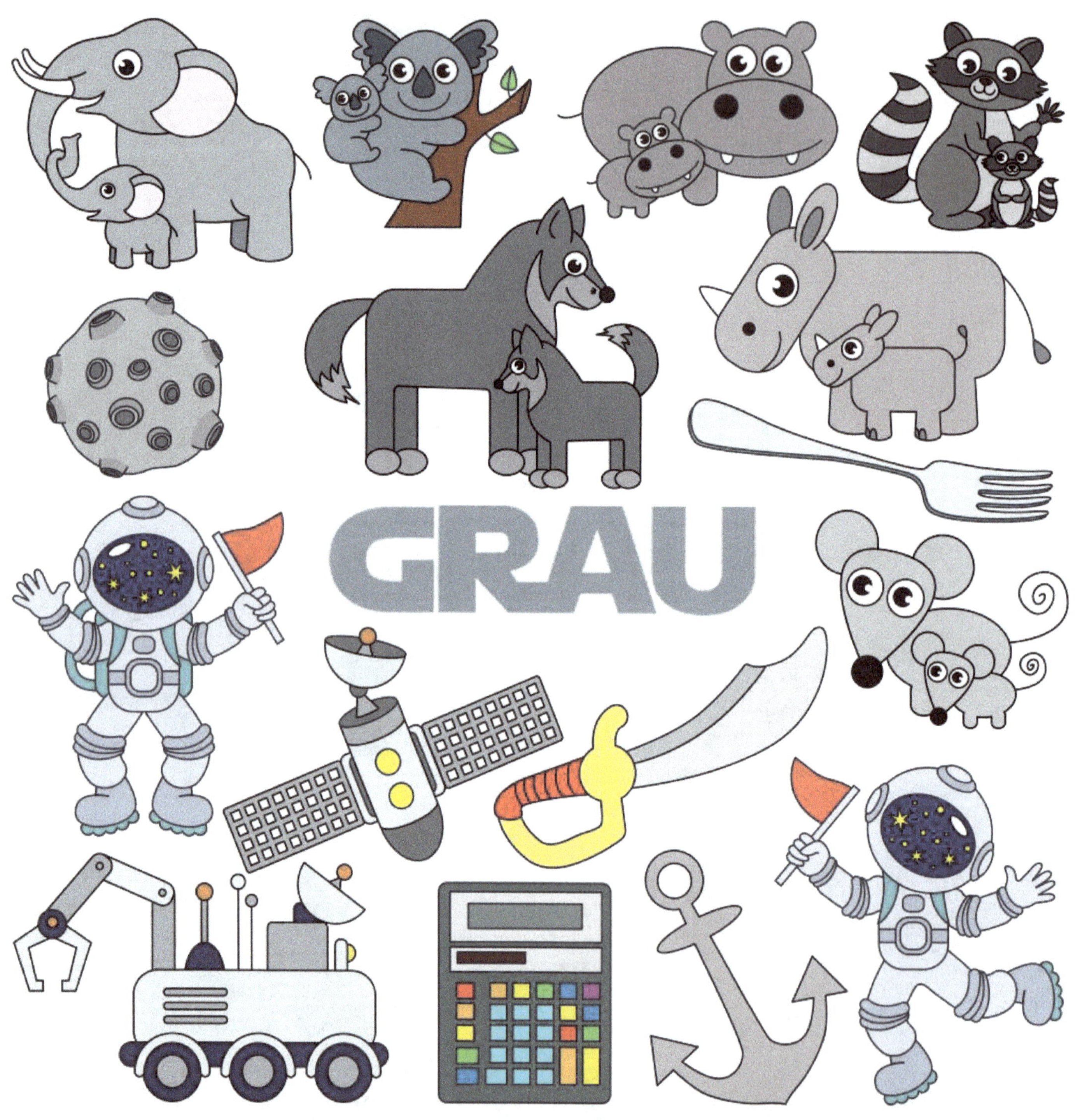
GRAU

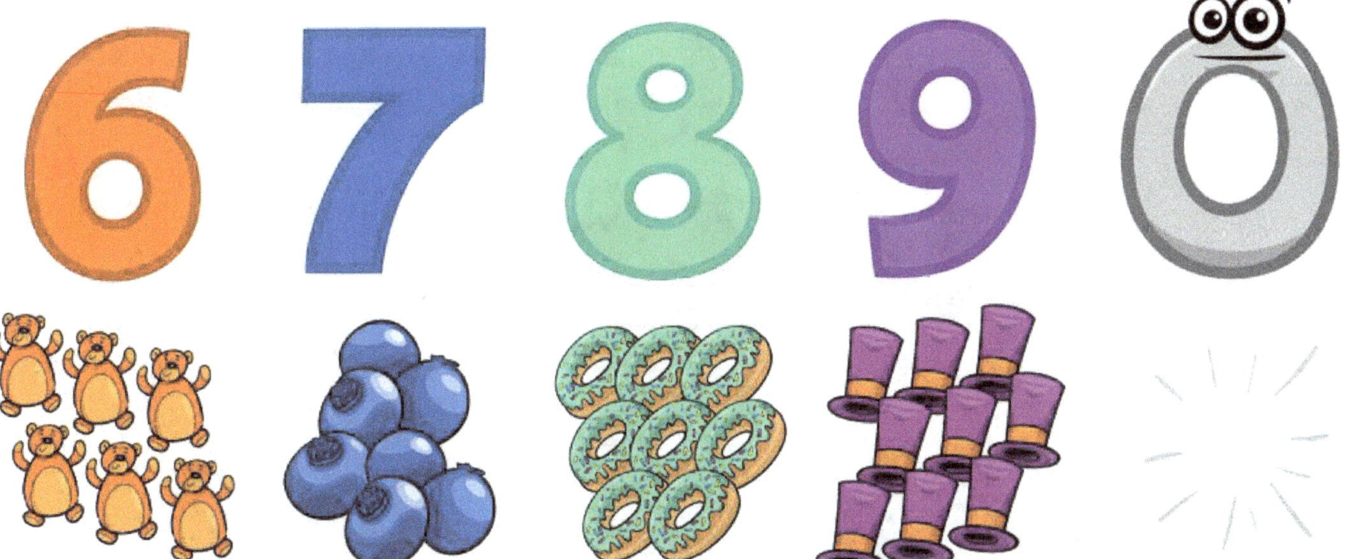

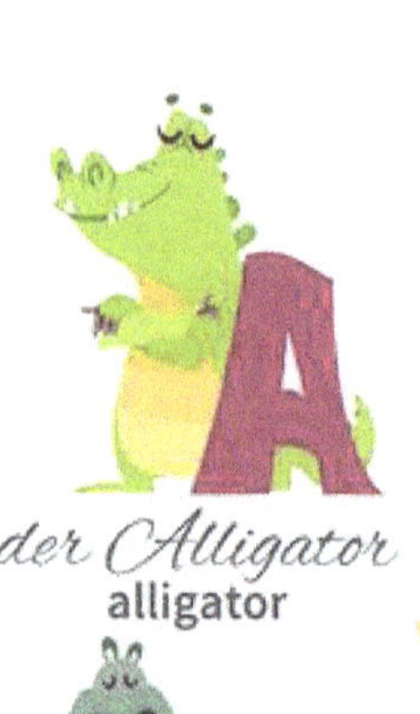

der Alligator
alligator

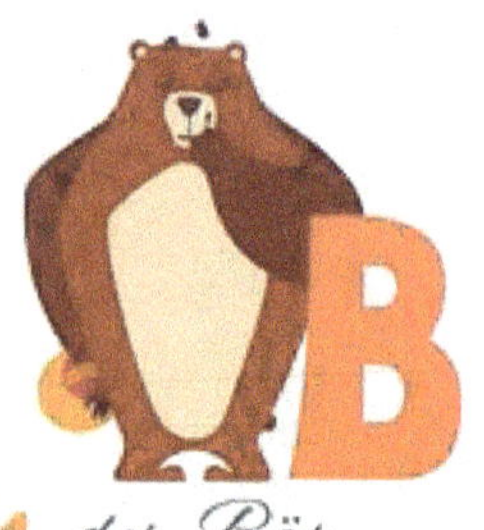

der Bär
bear

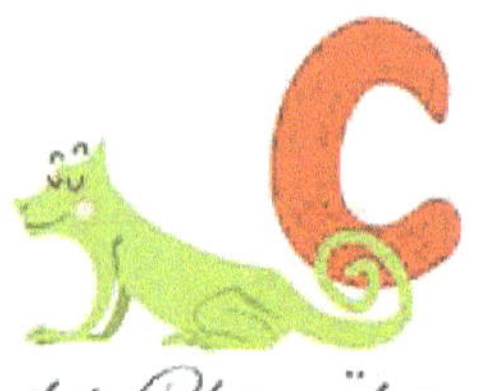

der Chamäleon
chameleon

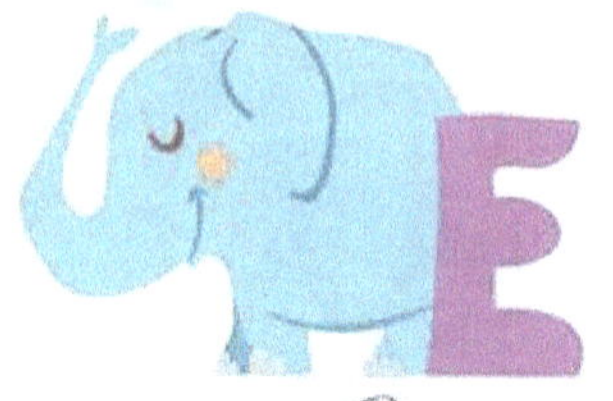

der Delphin
dolphin

der Elefant
elephant

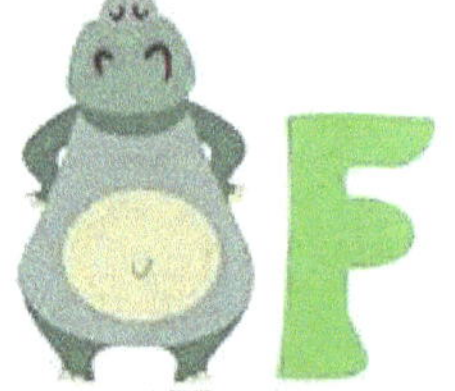

das Flusspferd
hippopotamus

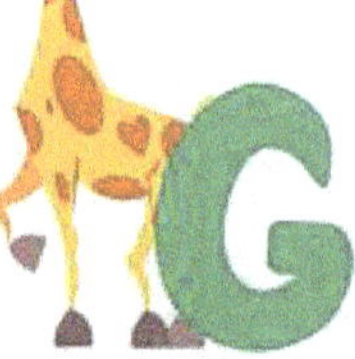

die Giraffe
giraffe

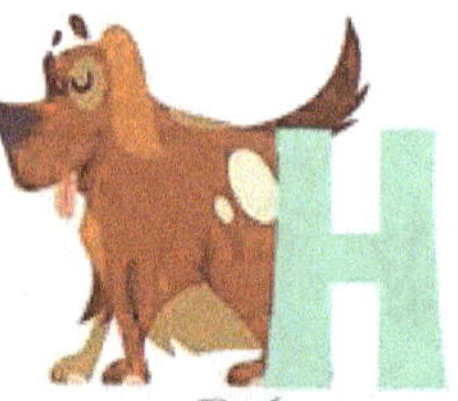

der Hund
dog

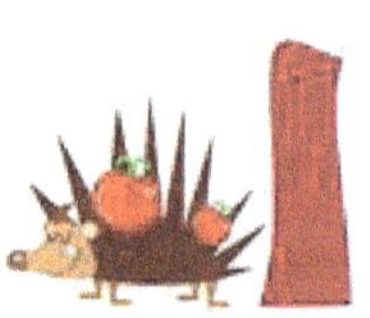

der Igel
hedgehog

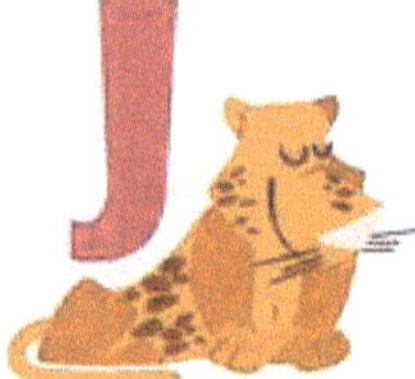

der Jaguar
jaguar

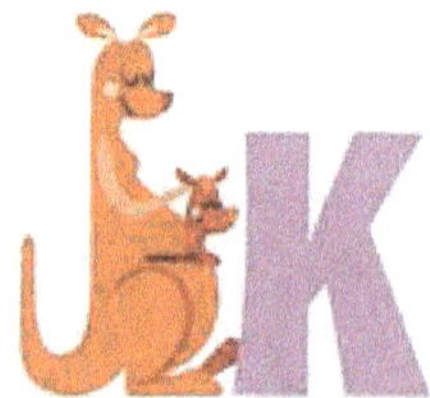

das Kanguruh
kangaroo

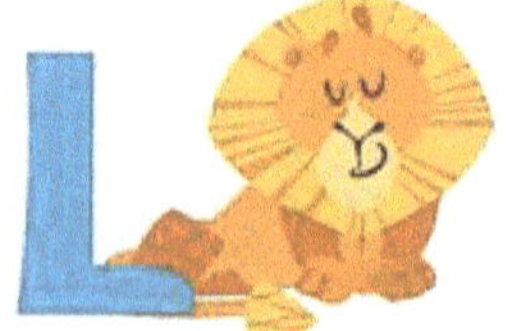

der Löwe
lion

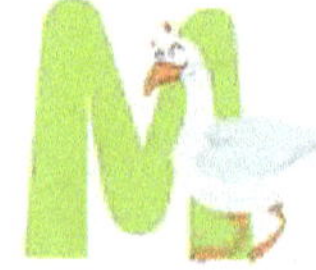

die Möwe
seagull

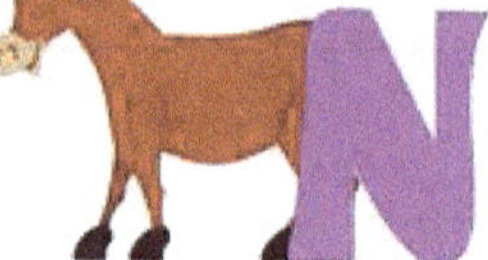

der Nordhirsch
reindeer

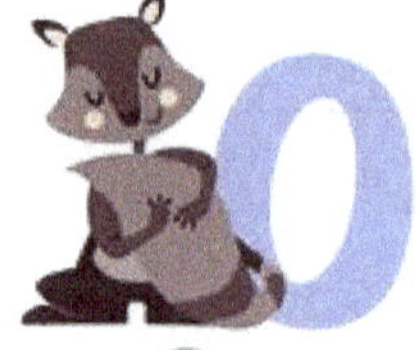

der Opossum
opossum

der Pinguin
penguin

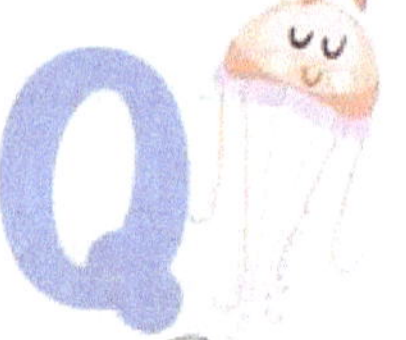

die Qualle
jellyfish

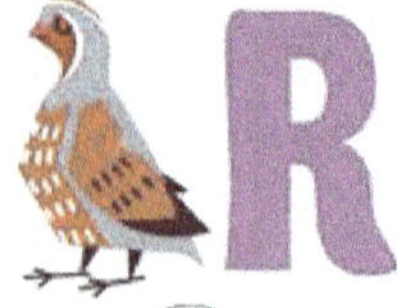

das Rebhuhn
partridge

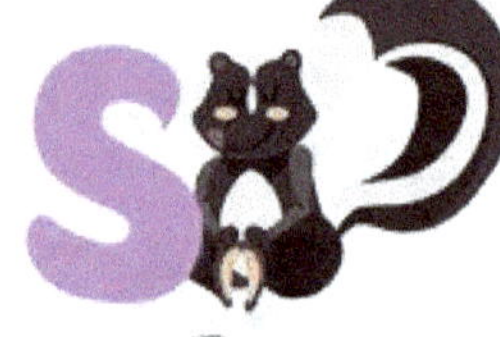

das Stinktier
skunk

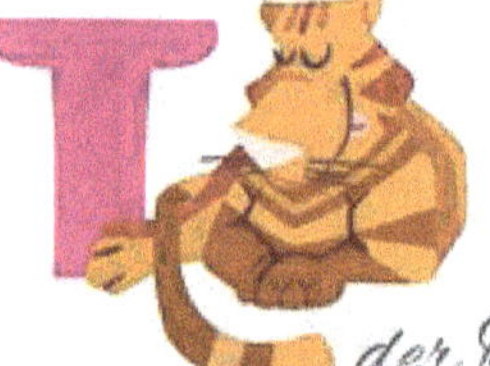

der Tiger
tiger

der Uhu
eagle-owl

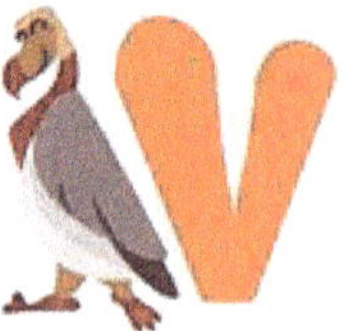

der Vogel
bird

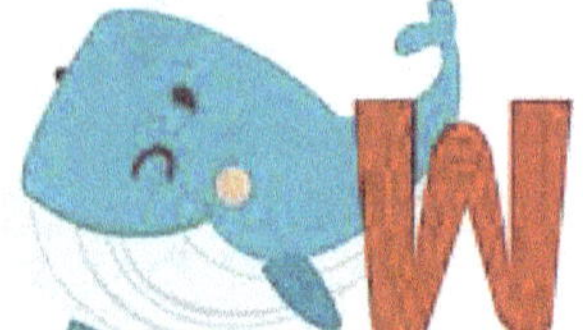

der Wal
whale

der Xylophon
xylophone

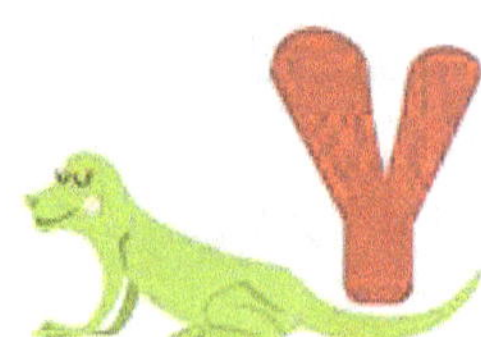

die Yucca-Nachtechse
desert night-lizzard

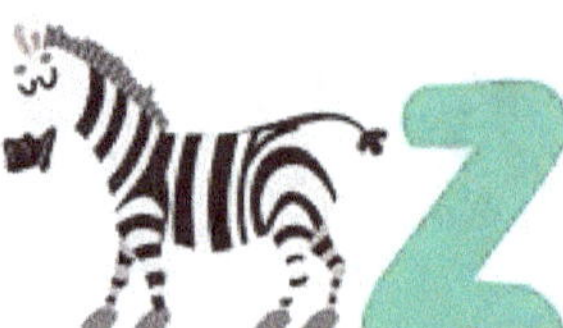

das Zebra
zebra